Hainburger Autorenrunde

Friedensbrücken

Anthologie

1. Auflage 2022
Umschlagbild: © Christian Einfalt
Layout und Satz: Pilum Literatur Verlag
ISBN: 978-3-99090-068-0

Friedensbrücken

Diese Anthologie ist ein Gemeinschaftsprojekt
der **Hainburger Autorenrunde**
und dem **Pilum Literatur Verlag**

Herzlichen Dank
an die Stadtgemeinde Hainburg an der Donau
für ihr Sponsoring

INHALTSVERZEICHNIS

Zur Entstehung des Buches „Friedensbrücken"

Die Welt befindet sich seit langem in großer Veränderung. Vieles, was schon bisher durch den immer deutlicheren Klimawandel sichtbar gewesen ist, wird nun in der Energiekrise für die Menschen auch schmerzhaft spürbar.

Und wenn bereits die Corona-Pandemie Familie, Freunde und Völker vor allem auch psychisch massiv beeinträchtigt hat, so sind es 2022 wieder die Waffen, die – weltweit fleißig produziert – auf europäische Nachbarn und ehemalige Freunde gerichtet werden und zu unnötigem Blutvergießen führen.

30 nationale und internationale, vielfach sehr renommierte Autorinnen und Autoren aus zehn Ländern – von Amerika bis Russland – haben die Einladung angenommen, Texte für ein internationales Friedensbuch zu verfassen.

Literatur wird die Menschheit durch alle Krisen begleiten und kann, zwangsfrei erstellt, in ihrer Vielstimmigkeit zugleich Hilferuf und Hilfeleistung sein. Die Antwort auf das Weltgeschehen ist für Kunstschaffende deren Kunst selbst, die durchaus in der Lage ist, deutliche Nadelstiche zu setzen.

In diesem Sinne bedanke ich mich bei den Verfassern unterschiedlichster, sehr ernster bis heiterer Friedenstexte sowie auch beim international bekannten bildenden Künstler Christian Einfalt für seine Titelseiten-Grafik zu unserem Buch. Vielen Dank auch an den Pilum Literatur Verlag, der sich spontan zur Herausgabe dieses Werkes entschieden hat.

Friede allen Völkern und unserer Mutter Erde!

Erwin Matl
Leiter der Hainburger Autorenrunde
Hainburg an der Donau, Oktober 2022

Gülkibar Alkan-Kirilmaz

Feierabend

Paul stand ungeduldig vor dem Lift und warf einen kurzen Blick auf seine Armbanduhr: zehn vor Sieben! Er war etwas zu spät dran. Sylvia würde es ihm aber nicht übelnehmen. Nicht wegen zwanzig Minuten. Was waren schon zwanzig Minuten? Hauptsache er war zu Hause und sie konnten einen gemütlichen Abend gemeinsam verbringen, so wie Sylvia es in ihrer letzten SMS zum Ausdruck gebracht hatte.

Und schauen wir uns dann auch gemeinsam „Titanic" an?

War ihre Bitte gewesen, kurz bevor er zu seinem Meeting eilen musste. Dass er kein Fan von DiCaprio war, wusste ja seine Frau, aber wenn sie ihn schon so fragte, mit einem Smiley hintendran, dessen Augen keine normalen, sondern Augen mit roten Herzen waren, da konnte er doch nicht widerstehen. Sylvia war nun einmal sentimental. Das wusste er. Dass sie nach diesem Film noch sentimentaler drauf sein würde, auch das wusste er. Würde sie sich ja danach hilfesuchend in seinen Armen verlieren und Trost bei ihm finden. Das war ihm umso mehr bewusst. Eben diese Momente konnte er kaum erwarten. Er würde sanft über ihre Haare streichen, sie an sich ziehen, ihr zuflüstern, dass es ihnen ja gut ginge; sie daran erinnern, dass sie ja nicht das Liebespaar seien, das sich auf dem sinkenden Schiff befinden würde; sie beruhigt sein könne, dass so etwas auch nie vorkommen würde (er litt ja an einer unheilbaren Seekrankheit!) und sie mit diesen besänftigenden Worten ins Schlafzimmer bringen. Was beide dann dort erwarten würde, ließ Pauls Pulsschlag schneller werden. Er konnte sich ein Lächeln nicht verkneifen. Das würde ein schöner Abend werden. Haben sie sich diesen aber auch wirklich verdient. Die letzten Tage, ja Wochen waren sehr anstrengend gewesen. In der Firma war so viel los gewesen, dass er des Öfteren später als sonst heimgekommen war. Seiner Frau ging es ja nicht anders. Auch sie hatte im Geschäft alle Hände voll zu tun. Nach dem Lockdown kamen viele Kunden, die unbedingt wieder hübsch werden wollten oder einen neuen Haarschnitt notwendig hatten. In dieser Hinsicht war Paul froh, dass seine Frau eine Friseurin war. Ob vor, während oder nach dem Lockdown: Er hatte immer eine tolle Frisur und sah gut und gepflegt aus – seiner Frau sei Dank! So konnte er selbst bei Videokonferenzen mit Geschäftspartnern oder anderen Kunden über das ganze Gesicht strahlen, zumindest äußerlich. Das Aussehen war wichtig, fand Paul. Mit seinem guten, gepflegten Aussehen konnte er selbst im Lockdown gute Geschäftsbeziehungen aufbauen und wichtige Leute an Land ziehen. Nicht umsonst hatte er gute Prämien erhalten. Ja, Paul konnte wirklich stolz auf sich sein! Und heute würde er nun endlich einen netten Abend mit seiner geliebten Sylvia verbringen.

Der Lift war auch schon da. Unverzüglich drückte Paul auf die Drei. Gut gelaunt pfiff er vor sich hin und blickte in den Spiegel hinter sich, während der Lift ihn in den dritten Stock beförderte. Er sah in Ordnung aus, etwas müde zwar, aber doch in Ordnung. Er strich sich durch die Haare, aber selbst da war alles ziemlich zufriedenstellend. Seine Frau hatte ihn sicher schon vermisst, obwohl sie sich in der Früh gesehen hatten, aber er wusste, dass sie ihn liebte, genauso sehr wie er sie liebte. Das perfekte Paar schlechthin!

Der Lift begann zu rütteln. Nicht doch…? Paul sah auf die Anzeige über der Tür. Erst vorhin war sie auf Zwei gesprungen.

Der blöde Lift würde doch jetzt nicht steckenbleiben? Dass er manchmal den Geist aufgab, hatte er ja mehrmals gehört, doch die Fehler konnten immer behoben werden, war er sich sicher. Dementsprechend hatten sich ja unter anderem die Betriebskosten erhöht, worüber sich Sylvia immer wieder beschwert hatte, aber da brachten die langen Telefonate leider auch nichts. Wieder ein Rütteln. Paul blickte verstört um sich und zog sein Handy heraus. Akku leer. Stimmt! Kurz bevor er dem Meeting beigetreten war, war ihm das aufgefallen, aber er hatte kein Ladekabel dabei. Aber auch wenn er eines gehabt hätte, wie würde es aussehen, wenn er vor wichtigen Leuten mit seinem Handy herumfuchteln würde. Das war nicht Pauls Art. So etwas würde auch ihn stören und käme nie gut an. Er wusste nur, dass er seiner Frau und einem anderen Freund schnell antworten musste, bevor er sich in den Besprechungsraum begeben musste. Das Handy konnte er später auch aufladen, hatte er gedacht, was er jetzt, im Nachhinein, aber bereute. Warum hatte er nicht schon vorher dafür gesorgt, dass dieses blöde Telefon genug Akku hat?

Nun gut, das hätte ihm jetzt in diesem Lift auch nicht weitergeholfen, zumal im Aufzug generell kein guter Empfang war. Paul blickte zur Taste, die eine Glocke zeigte. Die Glocke! Genau, die Glocke! Er hatte diese Taste noch nie drücken müssen, aber jetzt, wo der Aufzug stehenzubleiben drohte, besser gesagt ihm seinen schönen Abend zu verderben drohte, würde er diese Taste wohl oder übel betätigen müssen. Was war eigentlich schlimmer: In einem kleinen Lift zu stecken, auf engstem Raum, stundenlang vielleicht sogar, oder die bevorstehende wilde Nacht, die dahinbrausen würde? Das vermochte Paul in diesem Moment nicht zu sagen. Der Lift machte erneut einen Ruck. Paul musste schlucken.

„Das darf doch nicht wahr sein!", stieß er verärgert hervor.

Musste das wirklich ausgerechnet heute passieren? Ihm? Und Sylvia? Wenn sie wüsste, dass er in einem Aufzug feststeckt, würde sie sicherlich in Panik verfallen und Feuerwehr und Rettung verständigen, der Hausverwaltung würde sie die Hölle heiß machen, so wie er sie kannte, da würde es bei ihr keine Gnade geben, das wusste er. Denn so sehr Sylvia sentimental, herzerwärmend und liebenswürdig war, so sehr konnte sie auch unangenehm werden und ihre Zähne zeigen, das war ihm ebenso bewusst. Paul seufzte.

„Bitte, Gott…", hörte er sich sagen. Genau da bewegte sich der Lift aber wieder und die Anzeige sprang auf Drei. Pauls Herz schlug schneller, und als dann endlich die Tür aufging, stürzte er mit einem Satz heraus und rang nach Luft. Ihm fiel ein Stein vom Herzen. Dankbar blickte er kurz nach oben – und atmete erleichtert auf. Innerlich sagte er „Danke, Gott!" und eilte zur Wohnungstür. Der Abend war gerettet. ER war gerettet.

Er suchte nach den Wohnungsschlüsseln, fand sie wie immer im untersten Teil seiner Aktentasche und zog sie hastig heraus. Gleich hatte er es geschafft. Die Tür sprang sogleich einladend auf. Seine Frau würde ihn lächelnd begrüßen und ihn umarmen. Wer weiß, was sie gekocht hatte. Riechen konnte er zwar noch keinen Braten, kein Backhendl – er schnüffelte kurz – nein, ein Fisch war definitiv auch nicht im Backrohr, stellte er fest und nach etwas Süßem wie zum Beispiel einem Kuchen, den seine Frau für besondere Anlässe gerne backte, roch es auch nicht, aber das konnte auch mit dem dubiosen Lift-Erlebnis von vorhin zu tun haben, dachte er sich. Vielleicht war er so aufgeregt gewesen, dass er in diesem Augenblick einfach nichts riechen konnte. Er nahm sich vor, diesen stickigen Aufzug nicht mehr zu betreten. War es nicht besser, sich mehr zu bewegen? Immerhin war er ja nicht mehr der Jüngste, in den besten Jahren zwar, aber Treppensteigen war sicherlich besser und gesünder als in einem Aufzug zu fahren, wo man sich nicht sicher sein konnte, ob dieser einen heil nach oben befördern würde oder nicht. Kopfschüttelnd zog Paul sich die Schuhe aus.

„Schaaatz, bin daaa!", rief er voller Freude.

Keine Antwort.

Wo war sie? Wahrscheinlich in der Küche. Vielleicht hatte sie ja auch ein seltsames Erlebnis gehabt und kam deswegen erst jetzt zum Kochen. Er näherte sich der Küche, aber seine Nase wollte ihm noch immer nicht verraten, was es heute Abend zu essen geben würde. Vielleicht wollte seine Frau auch nichts kochen, obwohl sie grundsätzlich gern kochte.

Paul hing seine Jacke am Kleiderständer auf und setzte die Aktentasche am Boden ab. Im Badezimmer rechts von ihm wusch er sorgfältig seine Hände ab und ging schließlich Richtung Küche. Dort jedoch war seine Sylvia nicht. Auch fiel ihm auf, dass am Herd keine Kochtöpfe standen. Nanu! Was war los? War ihr etwa etwas zugestoßen? Den negativen Gedanken schob Paul schnell beiseite.

„Schatz?", rief er laut. „Bist du da?"

Langsam begab er sich ins Wohnzimmer und siehe da: Da saß Sylvia am Sofa, in der rechten Hand eine Nagelfeile, mit welcher sie die Nägel der linken Hand sorgfältig feilte. Hörte sie ihn nicht? Hatte sie etwa ihre iPods in den Ohren und hörte Musik? Um diese Uhrzeit, wo er nach Hause kam, eher unwahrscheinlich.

Paul näherte sich ihr und beugte sich zu ihr. Sie hielt kurz inne und sah ihn an, lächelte und gab ein knappes „Hallo!" von sich, dann widmete sie sich wieder ihren Nägeln und feilte diese höchstkonzentriert weiter.

Unsicher aber doch setzte er sich neben seine Frau und schlug einen Arm um ihre Schulter.

„Puuuh, wenn du wüsstest, was mir vorhin passiert ist…", meinte er schließlich und ließ den Blick nicht von ihr ab. Was war mit ihr los? Keine Reaktion. Unbeirrt setzte er jedoch fort:

„Dieser blöde Lift hat mich mehrmals gerüttelt! Ich sag dir, Sylvia, das wünsche ich keinem auf dieser Welt. Stell dir vor: Da stehst du allein im Lift und der rüttelt und schüttelt dich und du weißt aber nicht, ob der dich heil nach oben bringt oder, noch schlimmer, mit dir hinunterstürzt. Na so was Blödes aber auch! Wirklich, das sollten wir der Hausverwaltung mal melden! Da muss echt eine Lösung her…"

„Die wissen eh Bescheid", war Sylvias knappe Antwort, während sie seelenruhig weiterfeilte.

Das war's? Paul konnte es nicht fassen. Irgendwas war los mit seiner Frau, aber was? Er blickte verstört um sich. Es schien alles in Ordnung zu sein. Die Wohnung war wie immer schön aufgeräumt und sauber. Alles stand an seinem Platz und doch schien etwas zu fehlen. Sylvias Wärme! Genau, sie war sehr kühl ihm gegenüber. So wie die Küche auch, wo kein warmes Essen am Herd stand.

„Was gibt es denn Leckeres zu essen?", fragte er nun und stellte sich dumm.

„Nichts!"

„Nichts?"

Jetzt musste er sie ungläubig anschauen.

„Wieso nicht?", wollte er wissen.

„Ich hatte keinen Bock!", stieß sie hervor und versuchte zu lächeln.

„Keinen Bock?"

Paul sah Sylvia entsetzt an. Was hatte sie denn? Weshalb verhielt sie sich so seltsam ihm gegenüber? Und wieso hatte sie keinen Bock, heute – an diesem Abend, der doch ein großartiger Abend hätte werden sollen – zu kochen? Paul versuchte zu lächeln. Dass dies ein widerwilliges Lächeln war, hatte Sylvia sicherlich bemerken können.

„Ist doch kein Thema, Schatz", warf er schließlich ein.

Puuuh, wie anstrengend es war freundlich zu bleiben. Er musste an den bevorstehenden Abend denken. Für eine heiße Nacht mit seiner heißgeliebten Frau musste er jetzt einen kühlen Kopf bewahren. Auch wenn sein Bauch schon zu knurren begann. Liebe geht durch den Magen, hieß es eigentlich, oder etwa nicht?

„Dann hast du uns doch sicherlich was bestellt, nicht wahr?"

Hoffnungsvoll blickte er zu seiner Frau hinüber.

„Nein, Schatz!" ‚war jedoch ihre Antwort.

Nein? Hatte sie eben „Nein" gesagt? Nein, hier war eindeutig etwas faul, war sich nun Paul sicher. War sie krank? Hatte sie vielleicht ihre Tage? Er fragte sich, wann sie diese gehabt haben könnte. Sie hatte da doch eine App, wo sie all ihre Daten penibel erfasste – eine Art Kalender, wo eingetragen wurde, wann die Periode begann, wann sie endete, wie stark oder wie schwach sie war. Außerdem konnte man eingeben, was man um welche Uhrzeit gegessen hatte, welches Gewicht man hatte, ob man zu- oder abgenommen hatte, ob man gut- oder schlechtgelaunt war... Eine ultimative Erfindung fand Paul, aber für ihn eindeutig viel zu kompliziert. Vielleicht aber hätte er sich doch mehr mit seiner Frau beschäftigen sollen, mehr mit ihr über solche Dinge reden oder zumindest ein offenes Ohr für sie haben. Er musste zugeben, dass er in dieser Hinsicht nicht unbedingt ein Vorzeigekandidat war. Nicht dass Sylvia ihm solche Dinge nicht erzählte – sie redete ja viel – aber meistens war er doch gedanklich bei seiner Firma oder aber es kamen ihm Ideen, die er verwirklichen könnte. Ideen, die ihm eventuell einen Aufstieg ermöglichen würden. Jetzt ertappte er sich wieder dabei, dass er viel zu viel an sich und die Firma dachte. Langsam, aber sicher bekam er Gewissensbisse.

Etwas verstört sah er seine Frau an. Was hatte sie bloß? Was war der Grund, dass es gerade an diesem Abend, der ein schöner hätte werden sollen, kein warmes Essen gab, geschweige denn welches bestellt wurde. Was wollte ihm seine Frau mit diesem Verhalten vermitteln? Paul irrte ohne Zweifel in einem Labyrinth umher, ein Labyrinth ohne Ausweg, so schien ihm. Vielleicht wäre es doch besser gewesen, im Lift steckenzubleiben? Dann wäre Sylvia garantiert nicht so ruhig wie jetzt, dachte er sich.

Diesen Gedanken schob er aber schnell wieder beiseite. Im Lift zu verweilen, würde er auch nicht unbedingt wollen. Da spielte er lieber den Verhaltensforscher seiner geheimnisvollen Frau. Außerdem galt es herauszufinden, warum es kein Essen geben und dieser Abend kein Kinoabend werden sollte. Der Film! Eben! Auf den würde doch Sylvia nie und nimmer verzichten wollen.

„Heyyy!", rief er deswegen und versuchte dabei locker zu wirken. „Was ist denn mit „Titanic"? Den wollten wir uns doch anschauen heute!"

In diesem Moment hielt Sylvia inne und sah ihren Mann nun fragend an. Aha! Die „Titanic" war also der Geheimcode, das Tor zur Erkenntnis darüber, warum sein Magen knurren und er Hunger erleiden musste. Während seine Frau ihn anstarrte, musste Paul – er vermochte nicht zu sagen warum – an eine Pizza denken. War das alles eine Art Test, den er bestehen musste? Hatte seine Frau in einem dieser Magazine, die sie abonniert hatte, etwa gelesen, wie man den Partner auf die Folter spannen konnte, um an die eigenen Ziele zu kommen? Doch welche Ziele könnten in diesem Fall überhaupt gemeint sein? Er versuchte dem prüfenden Blick seiner Frau standzuhalten. Was hatte sie vor? Dieser Blick verhieß nichts Gutes. Was hatte Paul angestellt? Wegen der Verspätung würde sie ihn doch nicht so schlecht behandeln?

„Willst du mich veräppeln?", fragte sie nun. Ihre Stimme klang sehr ernst und auch ihr Blick verfinsterte sich. Das war gar nicht gut. Was hatte er bloß falsch gemacht. Irgendetwas war nicht in Ordnung, aber was?

„Aber Schatz…" Paul versuchte Zeit zu gewinnen. Er musste sich konzentrieren und nachdenken, welchen Fehler er begangen haben könnte. Wenn sein Bauch bloß aufhören würde dazwischenzufunken. Mit leerem Magen konnte man sich doch nicht konzentrieren.

„Ich verstehe nicht, was du hast…"

„Was ich habe? Ist das dein Ernst?"

Sylvia sprang auf und ließ die Feile unachtsam auf den Boden fallen. Jetzt war's das. Jetzt würde es erst richtig losgehen. Paul spürte eine unsichtbare, aber gefährliche Lawine auf ihn zukommen. Wenn er bloß wüsste, was das Problem war!

„Jetzt tust du auch noch so ahnungslos!", schnaubte sie empört und fuchtelte aufgeregt mit den Armen herum.

„Ahnungslos?"

Paul wusste in der Tat nicht, was sie meinte. Sylvia hingegen verdrehte genervt die Augen und ließ einen lauten Seufzer los.

„Ich fasse es nicht!", rief sie dann und lief auf und ab.

„Ich fasse es nicht!", wiederholte sie und griff sich an den Kopf. „Das darf doch nicht wahr sein! Nein, du veräppelst mich. Das ist schlicht und weg eine Veräppelung!"

Wer veräppelte hier wen? Paul verstand gar nichts mehr.

„Schatz, ich verstehe wirklich nicht, was du hast…", war das Einzige, was er noch sagen konnte. Er verfluchte diesen Abend. Seine Frau war aus unerklärlichen Gründen nicht mehr die Frau, die er kannte, und Essen gab es auch keines.

„Du verstehst nicht? Du verstehst nicht?", hörte er Sylvia aufgebracht.

Warum musste sie ständig alles wiederholen? Das machte ihn erst recht nervös. So konnte er sich auf gar keinen Fall konzentrieren, wobei er nicht einmal ansatzweise eine Ahnung hatte, wo er anfangen sollte zu suchen.

„Ich verstehe wirklich nicht, was du meinst", sagte er schließlich kapitulierend. Komme, was wolle!

Sylvia blieb stehen und starrte ihn ungläubig an.

„Du verstehst nicht?", fragte sie ihn.

Schon wieder dieses Wiederholen. Es war zum Aus-der-Haut-fahren!

„Was ist denn los mit dir? Sag doch endlich, was los ist!", rief er verärgert. Bald würde er durchdrehen, das war gewiss.

„Gut! Okay! Ich zeig dir schon, was los ist!"

Sie griff zielstrebig nach ihrem Handy, welches auf dem Beistelltisch lag, und redete aufgeregt weiter: „Weißt du, ich dachte mir, wir machen uns einen schönen Abend. Gekocht hätte ich auch und danach würden wir unseren Lieblingsfilm anschauen, aber was machst du?"

Was machte Paul oder was hatte er gemacht? Er versuchte ihr gedanklich zu folgen, konnte sich aber keinen Reim aus all dem Gesagten bilden.

„Was machst du?", wiederholte Sylvia. „Du schreibst einfach, dass du keinen Bock hast! Verstehst du? Du hast einfach keinen Bock!!! Tja, warum sollte ich mir dann überhaupt die Mühe machen und mich in die Küche stellen und für DICH kochen?"

„Moment mal..." Paul griff sich an die Stirn und versuchte seine herumschwirrenden Gedanken zu ordnen. „Das kann doch nicht sein", sagte er nachdenklich. „Ich habe dir doch nicht geschrieben, dass ich keinen Bock habe..."

„Willst du mich schon wieder veräppeln?", rief Sylvia fassungslos.

Sie war wirklich stinkwütend. Das konnte Paul an ihrem eisernen Gesichtsausdruck erkennen. Nichts war schlimmer als das, fand er. Er wollte endlich seine sanfte Frau wieder vor sich stehen sehen, nicht eine wildgewordene, lebensbedrohliche Furie. Diese fuchtelte weiterhin mit dem Handy in der Hand und suchte sichtlich verzweifelt am Display nach Beweismitteln, mit denen sie ihn bald ins Jenseits befördern würde.

„Da!", rief sie schließlich und hielt ihm ihr Handy hin.

Und schauen wir uns dann auch gemeinsam „Titanic" an?

An diese Nachricht konnte er sich gut erinnern, aber was war seine Antwort? Da stand in der Tat:

Nööö, hab kein Bock.

Von seinem Handy aus geschrieben, es stimmte. Seine Augen weiteten sich. Er blickte mehrmals abwechselnd auf das Handy

24

und auf seine Frau. Diese stand nun mit verschränkten Armen und hochgezogener Augenbraue vor ihm, ihre Augen zu einem kleinen Schlitz zusammengekniffen.

Plötzlich musste Paul aus vollem Hals lachen. Sylvia stand regungslos vor ihm und war noch genervter als zuvor. Er musste ihr das nun so schnell wie möglich erklären, das war klar, aber vorher musste er sich beruhigen. Kopfschüttelnd und weiterhin lachend griff er sich auf den Kopf.

„Schatz…", sagte er. Sie war für ihn wieder sein Schatz. Er lachte erneut auf über diese Erkenntnis. Irgendwie ging es ihm sichtlich besser. „Das war so", fuhr er schließlich kichernd, wie ein kleines Kind, das jemandem absichtlich einen Streich gespielt hatte, fort. „Roman hat mir heute auch geschrieben, ob ich Lust hätte mit ihm trainieren zu gehen… Und du weißt doch beziehungsweise weißt du es ja nicht… Der Akku von meinem Handy war fast schon leer und ich musste ja zu unserem Meeting und hatte es eilig… Und da bin ich tatsächlich durcheinander gekommen mit den Nachrichten und habe die SMS, die an ihn gerichtet war, an dich geschickt und jene, die für dich bestimmt war, an ihn! Siehst du: Mein Handy hab` ich ja noch immer nicht aufladen können."

Er zog sein Handy aus der Hosentasche hervor und zeigte es ihr stolz. Das war nun sein Beweismittel. Er würde ihr, nachdem sein Handy aufgeladen und wieder einsatzbereit war, die Nachrichten zeigen. Sylvia war jedenfalls überrascht, ihre harten Gesichtszüge milderten sich langsam, aus dem zusammengekniffenen Schlitz kamen wieder große, kugelrunde, bernsteinfarbene Augen zum Vorschein und auch aus den Mundwinkeln konnte man ein kleines Lächeln erkennen, welches sie zu unterdrücken versuchte.

„Boooaaah!", sagte sie dann jammernd und ließ sich auf das Sofa zurückfallen. „Ich hab dich eh versucht zu erreichen und hab dir ja auch geschrieben, was das sein soll, aber du warst ja unerreichbar... Oh mein Gott... Ich bin so dumm..." Beschämt griff sich Sylvia auf den Kopf. „Ich bin ja so dumm...", wiederholte sie ungläubig. „Dann war ich sooo sauer auf dich, dass ich nichts gekocht habe..."

Paul hingegen lachte nur und näherte sich ihr, bis er ganz in ihrer Nähe war und ihre Wärme spüren konnte.

„Macht nichts, kann vorkommen", tröstete er sie und strich ihr über die Haare. „Mir soll das auch eine Lehre sein. Ab jetzt wird das Handy rechtzeitig geladen und vor wichtigen Besprechungen oder dergleichen werden keine Nachrichten mehr geschrieben. Wo das hinführt, haben wir ja gesehen."

Sylvia sah ihn verlegen an und nickte bloß.

„Und jetzt wird bitte leckere Pizza bestellt. Hauptsache: es herrscht Frieden!"

Mit diesen Worten hatte er sich eine herzliche Umarmung seiner Frau verdient.

Paul Auer

Bordeaux oder
Der Krieg unter uns

Eine abendliche Runde in einer Dachgeschoßwohnung in Wien-Neubau. Im Wohnzimmer auf der Couch drei Personen um die 40 – der Gastgeber sowie die beiden Gäste Herbert und Bettina. Die Gastgeberin befindet sich in der angrenzenden Küche. Der Gastgeber monologisiert, hin und wieder ruft er seiner Frau etwas zu.

„Ein herrlicher Urlaub war das. Wann sind wir zurück, Clarissa? Vor fünf Tagen? Kommt mir vor wie fünf Monate. Zwei Wochen sind zu wenig. Sagt Manuel auch. ‚Papa‘, hat er gesagt, ‚das nächste Mal will ich einen Monat bleiben, oder gleich die ganzen Sommerferien‘. Der war aus dem Meer nicht raus zu kriegen. Schnorcheln in Kroatien, da gibt es noch was zu sehen. Nicht alles tot wie in Italien. Die Fotos von Manuel müsst ihr euch anschauen, ich werde sie morgen posten, echte Meisterwerke. Er hat ein Auge, das muss man ihm lassen. Da könnte man eine Ausstellung machen, in deiner Galerie, Herbert, das wär doch fein? Würde niemand vermuten, dass ein Zehnjähriger so ein ästhetisches Gespür hat, ehrlich. Jedenfalls, einen Monat oder gleich die ganzen Sommerferien, hat er gesagt. Ich darauf, ‚Manuel, deine Mama, du weißt, zwei Wochen Campen sind ihre absolute Schmerzgrenze‘. Ist so. Das ist so eine Aufsteiger-Sache, solche Leute können manchmal gar nicht genug Luxus haben, oder das, was sie für Luxus halten. Beim Heimfahren hat Clarissa gemeint, ein Pool, Buffet, das wäre wieder mal was. ‚Du würdest die Proleten in diesen Anlagen gar nicht aushalten‘, habe ich erwidert. Sorry, Bettina, ist so. Außerdem, selbst wenn

Clarissa etwas unprätentiöser wäre, Manuels Wunsch könnte ich ihm trotzdem nicht erfüllen. Da ist schließlich die Krabbelstube. Wir haben Amelie den ganzen Juli und den halben August raus genommen. Das war fast too much. Erst waren die Kinder mit meinen Eltern auf Madeira, dann in Tirol bei Clarissas Mutter, jetzt die zwei Wochen Kroatien ... Zu lange sollten sie nicht weg von ihrem Umfeld. Und das ist für Amelie eben auch die Krabbelstube. Glaubt man gar nicht, dass eine Zweijährige so stabile Beziehungen zu Gleichaltrigen aufbaut. Da heißt es abwägen. Einerseits sollen die Kleinen raus aus der Stadt, was Neues sehen, klar, ist extrem förderlich. Anderseits hat Amelie Freundinnen in der Krabbelstube, die können wir ihr nicht neun Wochen vorenthalten. Das wäre brutal. Das sind so Formen der Gewalt, für die gibt es noch immer zu wenig Bewusstsein. Ist so. Man muss da schon sensibel sein. Ihr werdet lachen. Clarissa seufzt schon jetzt: ‚Hoffentlich müssen die Kinder später nicht auch zum Therapeuten, wie ich wegen meiner Mutter‘. Ich beruhige sie immer und sag, unsere Eltern hatten keine Ahnung. Die hat das nicht interessiert, die waren egoistischer. Es ist egoistisch, wenn man ein Kind immer bei sich haben will, verantwortungslos, ich mein, mit wem soll es denn spielen? Und den ganzen Tag der Mama zusehen, also, ich weiß nicht ... Clarissa kann ein Lied davon singen, wie das ist, den ganzen Tag bei einer verrückten Mutter. Apropos, würd mich interessieren, wie ihr die neuen Montagen von Clarissa findet? Ist es euch aufgefallen? Im Gästeklo hängt eine. Wie Clarissa da mit der Ambivalenz der Worte Nie genug kriegen spielt. – ‚Chapeau!‘, hab ich zu ihr gesagt, weißt du noch, Schatz? – ‚Chapeau!‘, hab ich gesagt. Sie musste einfach was machen, die Nachrichten haben ihr in den letzten Monaten arg zugesetzt. Und wenn Amelie um sie herum scharwenzelt, könnte Clarissa sowas gar nicht hinbekommen. Kunst ist ihr allerdings extrem wichtig, auch wegen ihrer Nerven braucht sie das, andernfalls wäre sie schon längst übergeschnappt, so sensibel ist sie einfach. Ist so. Und deswegen ist es gut, dass die Kinder nicht die ganze Zeit bei ihr sind. Du hast recht, Bettina, es kommt darauf an, welche Krabbelstube, absolut. In eine städtische würd ich Amelie auch nicht geben ... Blödsinn, Herbert, die Ausländer würden sie nicht stören. Ich rede von ... Eine Freundin von uns hat ihren Sohn in dem Hort in der Brüßlgasse, sie will kein Bobo-Snob sein, hat sie gesagt. Aber wie so eine kettenrauchende Mama in Jogginghose ihren Knirps mit PSP im Rucksack abgegeben hat, hat sie verstanden, weshalb uns das Sacre Coeur so ein Anliegen war. Wegen der Ausländer ist es jedenfalls gewiss nicht, nein, nein. Im Urlaub hat sich Amelie mit diesem kroatischen Mädel blendend verstanden. Und Manuel war dauernd mit einem englischen Burschen schnorcheln. Von mir aus könnten alle Kinder ausländisch sind, das fände ich sogar total positiv, Weltoffenheit, in Zeiten wie diesen ist das extrem wichtig, gerade in Österreich. Die Borniertheit hier ist ja kaum noch auszuhalten. Wenn es nach mir ginge, wir wären längst weg, die Firma hätte mich schon zig-Mal nach Kalifornien geschickt. Clarissa hat da halt Skrupel, wegen ihrer Mutter. Aber wenn es mit der Politik hier so weitergeht, dann sind wir früher oder später drüben, meinetwegen nehmen wir Clarissas Mutter mit, stimmt's Schatz, dann würdest du auch gehen wollen? Naja, Kalifornien wär schon was, aber noch geht es uns in Wien nicht schlecht. Auch das Flüchtlingsproblem wäre zu lösen, wenn man alle Idioten außer Landes schafft. Ein echtes Bonmot, findet ihr nicht? 38 Likes habe ich gestern dafür bekommen. ‚Clarissa‘, hab ich gesagt, ‚welch Ironie, 38 Likes‘. Natürlich ist das polemisch, Herbert, aber was bringt uns mehr: Ein Ingenieur aus Damaskus, von mir aus auch eine Hausfrau aus Kiew, oder ein Hilfsarbeiter aus Floridsdorf? Deutschreden können sie allesamt nicht. Aber ein Flüchtling hat einen Willen, sonst wär er nicht den ganzen Weg zu uns gereist, während der andere … Glaubst du, in Amelies Hort oder in Manuels Schule gibt es ein Ur-Wiener Kind aus Favoriten oder Simmering? Die können doch nicht alle so dumm sein! Es ist eben so, dass deren Eltern überhaupt kein Interesse haben, ihre Kinder zu bilden. Nein, Bettina, türkische Kinder gibt es auch keine dort, zugegeben. Aber die Crux einer katholischen Einrichtung ist, dass Moslems da Hemmungen haben, ist so, und, Moment, Clarissa? Clarissa? Hört nichts, ist wahrscheinlich zu den Kindern gegangen. Klar Herbert, wenn man katholisch ist, unvorteilhaft ist das nicht. Diesbezüglich hat es sich schon ausgezahlt, dass wir die Kinder haben taufen lassen. Obwohl mir das Weihrauch-Brimborium nichts gibt, Clarissa hat darauf bestanden, ihr wisst schon, Tirolerin, das steckt in ihr drin, in ihrem Wesen. Ihr müsstet mal ihre Mutter sehen, grad nicht, dass sie beim Essen auf Erbsen kniet, aber so ist das in der Provinz. Im Sacre Coeur ist das heutzutage viel entspannter, lockerer, weltoffener. Aber ich sag immer, zwei Wochen bei der Omi werden die Kinder nicht verderben. Wenn Manuel mit 15 noch keine Mädels heimbringt, weiß ich halt, wem ich das zu verdanken hab. Obwohl, ich denk, der kommt schon nach mir, und ich hab ja bereits während meines Austauschjahrs in … Ach, Clarissa, ich wollte gerade von Amelie erzählen, nicht von unserer Amelie, sondern von meiner, damals, in Frankreich, der süßen kleinen … Sieh an, du bringst einen Bordeaux, köstlich, ist sie nicht fabelhaft? Trotzdem, Clarissa, halte die Flasche nicht so, bitte, als würdest du zum Eisstockschießen gehen, das schaut schrecklich gewöhnlich aus. Aber Clarissa! Du sollst sie auch nicht kippen! Das macht das Bouquet kaputt, dummes Tschapperl! Was soll das? Clarissa! Du wirst doch nicht? … Verdammt, Clarissa, wehe dir! Wag es nicht! Du Trampel! Ich knall dir sonst eine rein, ist so, hier vor … Herbert! Bettina! … Ich hau dich windelweich, wenn du … Clarissa!!!"

Herbert greift geistesgegenwärtig zu seinem i-Phone, sodass er den Augenblick, als die Weinflasche am Kopf des Gastgebers zerschellt, festhalten kann. Auch in den folgenden blutigen Momenten betätigt er mehrmals den Auslöser. Aus den Aufnahmen entsteht eine Serie großformatiger Siebdrucke mit dem Titel „Bordeaux Réservée". Wenige Monate später sind diese in der vielbeachteten Ausstellung „Der Krieg unter uns" in Herberts Galerie zu sehen.

Vladja Bakic-Milic

Brief an den Allmächtigen

Sie taufen Dich und taufen Dich um, oh Du Allmächtiger.
Sie manipulieren Dich.
Siehst Du das denn nicht?

Warum so viele Namen für den einzig Wahren?
Kehre zu Deinen ursprünglichen Namen zurück:
Der Liebe, des Frühlings, der Wahrheit, der Fruchtbarkeit,
Des Ackerbaus, der Weinberge, der Schönheit, der Weisheit.

Bringe Deine jahreszeitlichen Namen zurück,
So wie das Leben selbst auch saisonabhängig ist.
Oder sei einfach das, was Du bist:
In jeder Sprache der einzig Wahre,
Der uns alle liebt.

Hoch in den Himmel errichtete Türme:
Von Babylon und von Pharaonen, dorische, ionische, korinthische
Synagogen, Moscheen, Kathedralen, Abteien,
Kirchen, Tempel.
Prachtvolle Domizile,
Die auf der Erde für Dich gemacht wurden.

Aber Du bist im Himmel,
Und Dein zu Hause ist in jedem Lebewesen.

Bring uns zurück zu unserer Essenz, oh Du Allmächtiger,
Offenbare Dich in uns allen,
Den Guten und den Bösen.

Diese schrecklichen Triebe des Pöbels von Milliarden,
Genährt von Hass und Kannibalismus ...

Wir haben vergessen, dass wir von Dir sind,
Oder vielmehr, haben wir es niemals gewusst.
Taub sind wir, blind, unersättlich, hinterhältig,
Gierig, verlogen, Henker seit Anbeginn.

Wir brechen zusammen, siehst Du das denn nicht?

Geht es Dir gut?
Hat Dein Widersacher Dich erschöpft?
Brauchst Du Hilfe?

Versuche es noch mal,
Uns zu Tempeln Deiner Liebe zu machen,
Jeden Einzelnen.

Damit Frieden und Freiheit auf diese gequälte Erde kommen
Erschaffe ein neues Gen für die menschliche Rasse,
Um sie vom Verderben zu bewahren.

Mária Bátorová

Dämmerung

In der Höhe
der Kronen der Bäume
wuchsen im Februar
wie jedes Jahr
im Vor-Frühling
Nester

Zweig um Zweig
bereiteten
zarte tüchtige Schnäbel
festes
fabelhaftes Wohnen
für neues Leben

Nur Liebe und Harmonie
können
im Zukunftstraum
durch Emsigkeit
und Opferbereitschaft
Leben ermöglichen

ja, sogar die Abenddämmerung
zur Morgendämmerung
verwandeln

Nahid Ensafpour

Poesie überwindet Grenzen

Meine Worte wandeln die Sphären
sie überbringen die Botschaft der Liebe

Wenn wir uns nicht verstehen
wenn unsere Worte falsch verstanden werden
dann wird meine Sprache zu Poesie
Poesie überwindet Grenzen

Lasst unsere Worte
die gefrorenen Herzen berühren
und es wird eine Brücke erblühen
die die Welten verbindet
dann gehen Menschen Hand in Hand
und es erklingt die Melodie der Poesie
eine Poesie der Liebe.

Nahid Ensafpour

Vergiss den Gesang des Augenblicks nicht

Wenn die Welt im Krieg versinkt
wenn Armut die Mehrheit der Bevölkerung
beherrscht
wenn Hunger unserer älter werdenden Gesellschaft droht
wenn dein Schrei nach Gerechtigkeit
und Freiheit ungehört bleibt
Wenn…..
Wenn…..

Vergiss nicht die Schönheit des Lebens zu betrachten
vergiss nicht, dass der Sonnenuntergang einzigartig ist
vergiss nicht, dass das Leben ein Geschenk ist
vergiss den Duft einer Rose nicht
vergiss den Gesang des Augenblicks nicht

Wenn wir in Trauer und Ohnmacht versinken
wenn wir unsere Träume verlieren
wenn wir glauben,
dass es keine Hoffnung mehr gibt
dann haben sie es geschafft
uns lebendig zu begraben
sie haben es geschafft, uns unser Recht
auf Leben zu entwenden.

Nahid Ensafpour

1. Mose 1
Gott sprach: Es werde Licht!
Und es ward Licht

Rede über Liebe

Er sprach: Es werde Licht
und es ward Licht
Er sprach: Es werde Himmel
und es ward Himmel
Er sprach: Es werde Erde
und es ward Erde

Die Sprache ist Prozess
des Werdens

Rede über den Krieg
es wird Krieg
Rede über Gewalt
dann herrscht Gewalt
Rede über Töten
Töten wird alltäglich

Rede über Frieden
es weht Frieden
Rede über Liebe
es blüht Liebe

(Alle Texte von Nahid Ensafpour aus dem Buch
„Leise weht das Wort dahin")

Christian Faltl

mich wundert, dass ich noch fröhlich bin

mich wundert, dass ich noch fröhlich bin,
zum dutzendfachen tod im bombenschlag.
gewalt und blut erschließen keinen sinn,
erwacht statt hell nur drohend mehr der tag.

kein vogelschrei am morgen, auch kein duft,
lumpen, zerrissen, auf tränenlosem sand.
wo man die körper und die glieder fand,
kein letztes lebewohl – nur tote stille in der luft.

das ist unser „sein"! wie wird das „werden"?
ist unser „heute" nicht ein „morgen" schon?
sind liebe, freiheit nur gefror'ner harfenton?
wie ist es kalt geworden hier auf erden!

die throne stürzen ohne ziel und sinn.
und hoffnungsvolles leben sehn wir enden,
sehn menschen mit klagend erhob'nen händen.
mich wundert, dass ich noch fröhlich bin!

Christian Faltl

Was ist schon „Frieden"?

Freunde, der Ausbruch des Weltfriedens steht unmittelbar bevor. Wir haben uns alle lieb und sinken einander in die Arme. Ok, das ist Quatsch, das wird es nie geben. Ein Hauptgrund dafür ist, wir haben einander nämlich gar nicht so lieb. Und das hat sehr tief verwurzelte, genetische Gründe.

Wir Männer (wir sind ja häufig die „Krawallbrüder") haben den „Frieden" nicht einmal in den Genen. Richtig erkannt, deshalb können wir gar nicht alle und alles lieb haben. Wir sind also die bemitleidenswerten Opfer der Evolution, und nicht die gewalttätigen Monster.

Nachdem wir den aufrechten Gang der wahrscheinlich ersten Frau abgeschaut haben – mit dem Säugling vor dem Bauch, auf allen Vieren ist die Nahrungssuche etwas mühsam – sind wir draufgekommen, dass auch die Jagd nach präglazialen Fellträgern erfolgreicher auf zwei Beinen ist. Und da sind wir schon beim Punkt: Diese vorzeitlichen Karnickel haben sich ja nicht freiwillig zu Mittag bei unserer Feuerstelle eingefunden, um in einem Sitzkreis die möglichst schmerzfreien Schlachtungsrituale mit uns zu diskutieren und dann nach örtlicher Betäubung ganz sacht in unseren hölzernen oder steinernen Suppenschalen zu landen.

Au contraire, wir mussten (jetzt konnten wir ja schon laufen) hinter den Bestien herhetzen, um ihrer habhaft zu werden. Und diese Viecher haben sich bei einem Erfolg unsererseits auch noch gewehrt, was je nach Größe der Beute auch bei uns zu Verletzungen geführt hat. Den ganzen Tag lang hinter irgendwelchem Getier herstolpern, um Nahrung für die ewig hungrige Sippe zu jagen, ist keine Kleinigkeit. (Anmerkung: Der elegante, gazellenartige Lauf der Bipeden wurde erst in der ganz jüngsten Neuzeit von den überbordenden Jogging-Gurus eingeführt, da sollte dann zum Vergnügen gelaufen werden, na ja …).

Also, die Jagd war keine Brauchtumsprozession mit Gesang, sie war harte körperliche Arbeit. Notwendig, weil wir für die Eiweißnahrung zuständig waren. Dazu war – um ein Modewort zu gebrauchen – „Körperkraft" notwendig. Man könnte auch ganz verschämt Gewalt sagen, aber das Wort ist pfui und gendern kann man's auch nicht, also wird es bald aus unserem Wort- und Sprachschatz verschwunden sein.

Aus der Nummer kommen wir Männer nicht mehr heraus. Wir sind nämlich eindeutig zuständig für die drei „F". Das muss ich erklären: Das erste und wichtigste ist das FRESSEN, das müssen wir in regelmäßigen Zeitabständen (natürlich auch trinken, und das häufiger, oha?). Dann kommt die FAMILIE, deren Schutzschirm wir sein sollen. Frauen und Kinder sind heute ähnlich durch Gewalttaten gefährdet wie zu Steinzeiten (vielleicht eine Bestätigung meiner Theorie). Und dass es überhaupt eine „Familie" gibt, muss es auch die FORTPFLANZUNG geben. Möglicherweise wundern sich jetzt meine Artgenossen vom Lach- und Tanz-Joga, Ayurveda und ähnlichen Übungen, aber es hat einen Grund warum der medizinrechtliche Begriff für einen vollzogenen Geschlechtsverkehr „Penetration" genannt wird. Auf die Unzahl von Spielarten menschlicher Fortpflanzungsakrobatik soll hier nicht eingegangen werden, gerüchteweise ist in diesem Zusammenhang sogar von Gewalt die Rede, welche etwa in geringer Dosis von einigen menschlichen Weibchen genossen werden soll – entsetzlich. Abgründe tun sich auf …

Die menschliche Wissenschaft ist hoffnungslos nymphoman, selbst dem Mann im Mond würde man gerne in den Darminhalt sehen, daher gibt es unzählige, forschende Institute auf der ganzen Welt. Selbstverständlich wird in Instituten für Friedensforschung auf der ganzen Welt für den Weltfrieden geforscht. Man hat ihn aber offensichtlich noch nicht gefunden – den Weltfrieden. Fast wichtiger als die Friedensforschung halte ich die Befassung mit „Sozialästhetik". Was ist das? Hier die Definition: Sozialästhetik wird als Wissenschaft von der schönen, gelingenden mitmenschlichen Begegnung sowie vom schönen Zusammenleben mit Anderen verstanden. Klingt ja schon machbarer als Weltfrieden.

Ehe ich's vergesse: Wir haben einander nicht alle automatisch lieb – siehe genetischer Code.

An alle verzweifelten Sitzkreisteilnehmer, die trotz aller Friedenssehnsucht ihren unbelehrbar nach Schweiß stinkenden Sitznachbarn am liebsten eine aufs Maul hauen wollen: Das ist völlig normal, Sie können trotzdem den Friedenspreis des deutschen Buchhandels, den Friedensnobelpreis, den Internationalen Friedenspreis und sogar den Internationalen Lenin-Friedenspreis verliehen bekommen (Aufzählung unvollständig!).

Solange die Sozialästhetik funktioniert, funktioniert es auch mit dem Weltfrieden!

Sie sind groß und stark und fürchten sich vor niemandem. Da kommt so eine kleine Kröte und stänkert lautstark. Klar, der hat einen Napoleon-Komplex und will provozieren. Er hört partout nicht auf, auch über mehrmalige Aufforderung nicht. Es reicht ihnen, sie pflanzen sich in voller Lebensgröße vor dem Kleinen auf und holen tief Luft (um dem die Leviten zu lesen).

Da bohrt sich ihnen in Nabelhöhe ein Revolverlauf in den Bauchspeck. Was wird passieren? Wird es Zoff geben? Nein, sie atmen zunächst blitzartig aus, und dann wird man mehr oder minder stammelnd zu einer Vereinbarung kommen – also Frieden!

Das ist aber kein Frieden sondern der Zwang des Faktischen.

Frieden sieht anders aus: lächelnde, tanzende Menschen, mit entrückt glücklichen Gesichtern, fern von Hunger, Schmerz und Alltagsfrust, und alle haben einander so lieb und umarmen sich. Also, wenn sie mich fragen, das hätte vielleicht in „Woodstock" so funktionieren sollen – aber auch das war ganz anders: „In Woodstock zeigte sich die friedensbewegte Generationskohorte der Hippies nicht nur friedfertig. Niedergelegt wurden so seelenlose Sachen wie Zäune, um ein kostenloses Konzert mit Gewalt zu erzwingen. Zerstört wurden aber auch zu beseelendes Gerät wie eine Gitarre, der Pete Townsend von The Who Gewalt antat. Sinnlose Gewalt? Oder gab es auch selig machende? … Gerade darauf hat sich die Woodstock-Generation viel eingebildet, auf einen ausgeprägten Hedonismus, der sich nicht an traditionelle Werte und Regeln hielt. … Zum Hedonismus zählte aber auch ein ausgeprägter Egoismus und zum Egoismus eine krasse Frauenverachtung – auch in dieser Hinsicht war ein Gedanke, den Abbie Hoffman aussprach, bezeichnend: ‚Das einzige Bündnis, das ich mit einer Frau eingehen würde, wäre im Bett.'" (Zitate aus einem Artikel der „Frankfurter Rundschau", 50 Jahre nach Woodstock, vom 15. 08. 2019)

Überhaupt, Frieden? Was soll das sein? Kaum eine Generation der erforschten Weltgeschichte hatte „Frieden". Die Römer zitierten staatstragend: Si vis pacem, para bellum! Das ist kein

Kommando für den Haushund, es heißt übersetzt: Wenn du Frieden willst, dann rüste zum Krieg. Im sogenannten Kalten Krieg der Sechziger-Jahre hatte die Welt das perfektioniert, man nannte das „balance of horror". Sollte heißen, Ost und West (die damals beherrschenden Machtblöcke) verfügten jeweils über die nahezu gleiche Sprengkraft der Atomarsenale. Man konnte davon ausgehen, dass die Atombomben weltweit ausreichen würden, eben diese Welt gegenseitig 40 bis ein paar 100 Mal auszulöschen.

Gut, nachdem bisher niemand (auch nicht der dümmste Despot) so enden wollte, ist uns der Atompilz bisher erspart geblieben. Nichts dauert ewig, der „Frieden" ist volatil.

Und wie lieb sich die Völker hatten, erkennt man bei näherer Betrachtung der „Völkerwanderung". Also reine Wanderungen zur sportlichen Ertüchtigung oder Erbauung waren das wohl nicht – auch wenn es so verschämt in den Geschichtsbüchern steht:

„Im 4. Jahrhundert setzte eine stärkere germanische Völkerwanderung ein. Deren Stämme versuchten nun aus verschiedenen Gründen, in das Römische Reich einzudringen. Nachdem Rom im Jahr 410 geplündert und 476 der letzte römische Kaiser abgesetzt worden war, sprach man in Europa vom Untergang des Römischen Reiches. Auf diesem Gebiet gründeten die germanischen Stämme nun eigene Teilreiche. In einem langwierigen Prozess etablierte sich später das Fränkische Reich als ‚Nachfolger' des antiken Imperiums der Römer. An dessen Spitze stellte sich Karl der Große als erster Kaiser des Mittelalters in Westeuropa". So klingt die treuherzige Zusammenfassung für angehende Maturanten (https://www.geschichte-abitur.de/mittelalter/voelkerwanderung).

43

Freunde, das waren keine Wanderungen, das war der erste flächendeckende Krieg in ganz Europa. Diese „Wandervölker" sind ja nicht in unbewohntes Gebiet gewandert, da hauste und „hufte" ja schon jemand! Und die oben zitierten „verschiedenen Gründe" waren wohl eher „prädatorisch". Wer sein Hab und Gut nicht aufgeben oder teilen wollte, der hatte die „Arschkarte" gezogen. So war das damals.

Was sagt denn unser aller Lexikon der Halbbildung – Wikipedia – zu dem Thema? „Friede oder Frieden (von althochdeutsch fridu „Schonung", „Freundschaft") ist allgemein definiert als ein heilsamer Zustand der Stille oder Ruhe, als die Abwesenheit von Störung oder Beunruhigung und besonders von Krieg. Frieden ist das Ergebnis der Tugend der ‚Friedfertigkeit' und damit verbundener Friedensbemühungen". Super, jetzt kenn ich mich aus, das nenne ich eine klare Definition! Ich sehe schon, das mit „Frieden" wird nicht wirklich ein Welthit.

Wie soll man denn im Rausch von Jahrtausende alten Verdrängungswettbewerben allen Ernstes von „Frieden" reden? Ich meine, schon die biblischen Texte lassen da einige Fragezeichen zu: Der Herrschaftsauftrag im Alten Testament (Genesis 1,26-28) – „Seid fruchtbar und mehrt euch, füllt die Erde und unterwerft sie und waltet über die Fische des Meeres, über die Vögel des Himmels und über alle Tiere, die auf der Erde kriechen!" Na ja, das klingt aber schon ein bisschen nach biblischer Hegemonie. So ganz friedlich würde das nicht abgelaufen sein. Was sollte mit jenen geschehen, die sich nicht unterworfen haben? Hat man die „auf Kurs gestreichelt"? Oder bei Matthäus 28,19 – „Darum gehet hin und lehret alle Völker und taufet sie im Namen des Vaters und des Sohnes und des Heiligen Geistes"! Ich bin nicht sicher, dass alle Völker belehrt werden und sich ganz freiwillig taufen lassen wollten. So heißt es weiter bei Matthäus 17,4: „Und Petrus sagte zu ihm: Herr, es ist gut, dass wir hier sind. Wenn du willst, werde ich hier drei Hütten bauen, eine für dich, eine für Mose und eine für Elija." Bange Frage, war dort nicht schon wer? War das gelobte Land unbewohnt? War dort freie Landnahme angesagt?

Der größte Feind des Friedens ist der Besitz. Ich verweise auf Wilhelm Busch: „Kaum hat mal einer ein bissel was, gleich gibt es welche, die ärgert das" (aus Fipps, der Affe, 1879).

Da sind wir dann schnell bei dem bösen Spruch: „Was dir gehört, gehört auch mir. Und was mir gehört, geht dich nichts an". Tja, da soll noch jemand versuchen, „Frieden" zu stiften!

Und überhaupt, da gab es doch den Mann aus Nazareth, der auf einem Berg zu den Menschen sprach (die null verstanden): „Wehrt euch nicht, wenn euch jemand Böses tut! Wer euch auf die rechte Wange schlägt, dem haltet auch die andere hin" (Matthäus 5,39).

Abgesehen davon, dass ich die berühmten „zehn Gerechten" kennenlernen möchte, die das im Ernstfall so handhaben, soll man bedenken wie die Geschichte des Mannes aus Nazareth ausgegangen ist. Zur Nachahmung eher nicht empfohlen, würde ich sagen.

Freunde, der Frieden wird überschätzt. Ich bezweifle, dass das mehr ist als ein schwammig definierter Begriff – es gibt keinen Frieden. Begründung – wie oben: Wir haben einander nicht alle lieb! Und das ist gut so, dazu stehe ich. Allerdings könnten wir uns darauf einigen, dass man nicht jedem, der uns unsympathisch ist, gleich die Fresse einschlägt. Ich meine, ignorieren täte es ja auch. Vielleicht, so ganz allmählich, gelingt es dann auch in ferner Zukunft mit der Sozialästhetik.

Aber Frieden, oder gar Weltfrieden, das könnt' ihr vergessen!

Etela Farkašová

Frieden ist Gespräch

Es gibt viele Arten, wie man das Wort Frieden verstehen kann, und es gibt viele Dinge, die man mit dem Frieden in Verbindung bringt und die man sich unter Frieden vorstellen kann.

Für den einen kann der Frieden ein klarer blauer, friedlicher Himmel sein, von dem keine Bomben fallen. Oder Straßen und Plätze, über die keine Panzer rollen, sondern auf welchen man in aller Ruhe zur Arbeit, zu Verwandten oder ins Theater gehen kann… Für jemanden bedeutet Frieden die nächtliche Stille, nicht von Schüssen zerfetzt, für einen anderen die blühende Wiese, auf der Kinder spielen oder Verliebte sitzen und ihre gemeinsame Zukunft planen. Jemand stellt sich vielleicht im Bau befindliche Einfamilienhäuser vor, ein anderer fertige, von Grünanlagen gesäumte Wohnviertel… Es gibt solche, die sich unter Frieden gemütliche Straßencafés vorstellen, wo sie mit Freunden einen Kaffee trinken und plaudern können.

Gegenwärtig liegt mir die letzte Vorstellung am nächsten: die Vorstellung des Friedens als eine Zeit, in der Menschen ruhige Gespräche darüber führen können, was sie quält und was ihnen Freude bereitet. Aber es muss sich nicht immer um freundschaftliche Treffen in einem beliebten Café handeln, wie sie uns wegen der Pandemie in den letzten zwei Jahren verwehrt waren und weshalb uns diese Stunden heute umso kostbarer erscheinen. Ich denke auch an Gespräche zwischen verschiedenen kleineren oder größeren Gruppen, Gemeinschaften, zwischen Ländern, Nationen und ihren Kulturen.

Solange Menschen Gespräche führen, kämpfen sie nicht, und die Waffen schweigen. Die Sprechenden tauschen ihre Ansichten aus, stellen gegenseitig Fragen und suchen nach Antworten, und bis sie Übereinstimmung gefunden haben, wird die Suche fortgesetzt. Dabei können auch kritische und polemische Töne laut werden, es überwiegt jedoch der gute Wille, sich zu einigen, dasjenige zu suchen, was die Diskutierenden verbindet, nämlich Lösungen für bestehende Probleme.

Gespräche zu führen ist im Leben des Menschen sehr wichtig. Vielleicht überrascht es zu hören, dass nach psychologischen Forschungen das Bedürfnis der Menschen, miteinander zu sprechen, zu den Grundbedürfnissen gehört, gleich nach dem Bedürfnis nach Nahrung und Unterkunft. Das Gespräch ist ein Spiegel, in dem wir uns sehen und den wir auch dem Gegenüber hinhalten können. Das Gespräch ist ein Akt der Anerkennung der Beziehung zwischen den Partnern, ein Akt des Akzeptierens der Partnerschaft. Im Gespräch begegnen sich Menschen, die sich in größerem oder weniger großem Maße voneinander unterscheiden, jedoch gerade das Zusammentreffen mehrerer Andersheiten ist Bereicherung, bringt etwas Neues ins Leben.

In Gesprächen lernen wir einander kennen, gewinnen Informationen über die Welt und auch über den anderen, und wir lernen auch uns selbst besser kennen, wir entwickeln dabei zueinander zwischenmenschliche Beziehungen und dadurch entfalten wir uns, vollenden unsere Gestalt zu einer noch deutlicher menschlichen.

Einerseits ist der Frieden die Zeit für ruhige Gespräche, andererseits ist das Gespräch eine der wichtigsten Voraussetzungen für die Geburt und die Bewahrung des Friedens. Es ist die Voraussetzung für Koexistenz und für Kooperation der Beteiligten. Ein wirkliches Gespräch ist ein solches, in dem wir nicht nur sprechen, sondern auch zuhören, uns dem Gegenüber öffnen und versuchen, uns in seine Situation einzufühlen, versuchen, seine Lage zu begreifen, indem wir uns um Empathie bemühen. Ein wirkliches Gespräch entspinnt sich, wenn ich mein Ich, meine Bedürfnisse und Interessen nicht zum universellen Standard erhebe, sondern bereit bin, auch die Bedürfnisse und Interessen der anderen zu begreifen. Nicht immer sind wir dazu imstande. Es ist nämlich nicht immer leicht, dem anderen zuzuhören, im Gegenteil, das ist eine Kunst, die wir erlernen sollten, wenn wir mit den Nachbarn, mit der ganzen Umwelt in Frieden leben wollen.

Lernen, dem anderen zuzuhören und eine gemeinsame Sprache mit ihm zu suchen, das bedeutet, den Frieden und das friedliche Zusammenleben zu lernen. Das ist ein Unterrichtsgegenstand, der noch nicht in die Lehrpläne aufgenommen wurde. Ich zweifle jedoch nicht daran, dass es nützlich wäre, wenn man schon den Schulkindern die Prinzipien des friedlichen Zusammenlebens näher bringen würde. An einigen Schulen wird Rhetorik unterrichtet – die Kunst zu sprechen. Jedoch nicht weniger wichtig ist die Unterweisung im richtigen Zuhören. Lernen, ein Gespräch zu führen, bedeutet so viel, wie lernen, mit anderen zusammen zu sein, zusammen zu leben. Miteinander sprechen und miteinander leben! Das stellt ein neues Paradigma dar, eine neue Perspektive, es ist das Zivilisationsprojekt für eine friedliche Zukunft.

Auch die Literatur, die Musik sowie alle anderen Kunstrichtungen können uns das Gespräch lehren, denn sie geben uns einzigartige Gelegenheiten zum Sprechen und Zuhören, sie geben uns die Chance, das Individuum zu überwinden und einen Schritt zu tun vom Ich und Du zum Wir.

Ja, der Frieden – um auf den Anfang dieser Betrachtung zurückzukommen – bedeutet für mich die Zeit und die Chance für ruhige Gespräche, und sobald die Gespräche fehlschlagen, kommt es zur Gefährdung des Friedens. Der Frieden selbst ist das Gespräch zwischen Individuen, Gesellschaften und zwischen den einzelnen Teilen der Welt. Gleichzeitig aber ist das Gespräch eine wichtige Voraussetzung dafür, dass die Welt eine friedliche bleibt.

Ich persönlich freue mich, dass ich an einem literarischen und menschlichen Gespräch auf dem Boden der Hainburger Autorenrunde teilnehmen kann, sowie anderen internationalen Projekten, einschließlich diesem, dem Frieden gewidmeten Buchprojekt. Ich bin überzeugt, dass wir mit jedem wirklichen Gespräch – auch auf dem Wege der Kunst – zur Erhaltung des Friedens beitragen.

Sprechen wir miteinander!

Übersetzung:
Elena Ehrgangová

Helmut Forster

Meist nur ein Wort – FRIEDE

So viele wünschen sich Frieden, Harmonie, meinen damit „keinen Streit", „keine Missgunst". Und doch ist es oft nur ein persönlicher, eigentlich egoistischer Friede, den man erreichen will. Die eigene, für jeden Menschen ein klein wenig anders empfundene Harmonie wollen viele viel zu oft durch Einwirken auf die anderen erreichen.

„Gib doch Frieden!" heißt ja nichts anderes als „Lass mich in Ruhe!", man will nicht mit seinem Kind oder seinem Partner spielen, sich die Sorgen und Ängste, aber auch überschwängliche Freude und Glück des anderen nicht anhören. Man ist ja jetzt müde, muss jetzt über etwas nachdenken, hat keinen Kopf für das, was andere bewegt. Kurz und gut, man respektiert die Gefühle des andern nicht, will nicht akzeptieren, dass man nicht alleine ist und sich die Welt nicht nur um sich selbst dreht.

Manche sagen auch „Ich verstehe dich ja, aber bitte, gib jetzt Frieden." Heißt das nicht vielmehr: „Ich kann mir schon denken, was du wieder willst, aber es berührt mich nicht im geringsten. Es ist mir völlig Wurst, ob dich das sehr bewegt, ob du mit jemandem darüber reden musst. Geh doch zu jemand anderem und gib mir Frieden (lass mich in Ruhe)." Das ist nicht nett, es zeigt auch, dass man für den anderen nicht da sein will, wenn der das braucht, man setzt seine Prioritäten gezielt auf das eigene Wohlbefinden. Man will (immer wieder) die anderen nicht beachten, also auch nicht achten, nicht respektieren. Und was soll das für ein Zusammenleben sein, wo der eine den anderen nicht akzeptiert, respektiert.

In der Familie lebt man sich so auseinander, in der Arbeit geht man sich so aus dem Weg, in der Gesellschaft zieht man sich zurück, wird als kalt und ungesellig empfunden und schließlich gemieden. Trifft so ein Schicksal eine ganze Familie, so hört man oft: Die anderen stoßen uns weg, verderben uns den Spaß am Fortgehen, am Besuch des Sportplatzes, an der Mitarbeit an einigen gesellschaftlichen Ereignissen. Besonders die Familie „Reich-und-Schön" ist gegen uns, der werden wir es schon zeigen! Nun, was wird dann oft gezeigt: Missgunst und Neid treten hervor, Intrigen werden gesponnen, jede Kleinigkeit, die dem anderen schaden könnte, wird sofort breitgetreten. Und so beginnt die Spirale der immer heftigeren Beschuldigungen. Wenn es eskaliert, fliegt eine Dose oder eine leere Verpackung vom Fastfood über den Zaun, worauf natürlich die Antwort nicht ausbleibt. Vielleicht fliegt auch mal etwas Giftiges über den Gartenzaun; damit der Familienhund, der alte Kläffer, endlich Ruhe und Frieden gibt. Wenn es dumm läuft, frisst das nicht der Hund, sondern ein kleines Enkelkind ist auf Besuch, spielt in der Wiese, findet etwas, das sofort reflexartig, wie das bei Kleinkindern oft der Fall ist, in den Mund wandert.

Egal wie das ausgeht, mit einer Magenverstimmung des Kleinkindes, mit einem längeren Aufenthalt im Spital oder sogar Schlimmerem, nun haben wir verfeindete Parteien, die sich gegenseitig „aufs Blut" nicht ausstehen können. „Aufs Blut", damit will man zwar nicht sagen, dass man auch Blut-vergießen bei dieser Fehde in Kauf nimmt, aber man meint es insgeheim.

Bis jetzt waren wir bei unserer Betrachtung in der Familie, im gesellschaftlichen Nahfeld. Wie ist es erst, wenn zwei politische Parteien, zwei unterschiedliche Religionen aufeinander prallen? Es beginnt oft mit dem Gedanken, mit dem Satz: „Es wird erst Frieden sein, wenn alle Ungläubigen bekehrt sind!"

oder „Es wird erst Frieden sein, wenn die Reichen ihr Geld den Armen geben müssen!" Natürlich folgen sehr schnell auch Sager wie: „Es wird erst Frieden geben, wenn diese anders Sprechenden, anders Aussehenden, anders Denkenden, die nicht zu uns gehören, wieder verschwunden sind!" Verschwinden, zuerst meinen wir, nach Hause geschickt, aus „unserem" Leben, unseren Wohnvierteln verbannt, und schlussendlich kommt die so menschliche Menschheit zu dem Schluss, dass sie aus dem Land gejagt gehören! Und mit Sprechchören, Transparenten ziehen sie durch die Straßen. Vielleicht ist einer zu nahe an so eine Demonstration gekommen und wurde, weil er „irgendwie anders" ist, gleich vorsorglich verprügelt. Der naheliegende Gedanke, der darauf folgt, ist es, zu erkennen, dass man sich gegen eine Übermacht mit Fäusten nicht wehren kann. Also müssen Messer und Schusswaffen her. So eskaliert die Gewalt und es gibt schon bald den ersten Toten.

Dumm ist nur, dass diese anderen Menschen, die bei uns in der Minderheit sind, im Nachbarland in der Mehrheit sind. Dort will man die „Landsleute" beschützen, auch wenn sie in einem anderen Staat leben. So fahren Panzer auf, schwere Artillerie richtet ihre Kanonenrohre auf das Nachbarland. Nun sind es nicht mehr nur „ein paar Leute", nun sind es zwei Staaten, die heftig mit den Säbeln rasseln.

Und kaum fällt der erste Schuss, sind alle beteiligten Diplomaten nicht mehr vordringlich an der Lösung des Konflikts interessiert. Denn nun ist es an der Zeit, seine Verbündeten, mit denen man Militärhilfe vertraglich fixiert hat, zu aktivieren. Getreu den Verpflichtungen der diversen Gruppierungen und Pakte rasselt sehr rasch die halbe Welt mit ihren Säbeln.

Und immer wieder fallen Schüsse, sterben Menschen, fallen Granaten und Bomben auf ganze Städte und hinterlassen nur trostlose, einsame Ruinen auf den Schutthaufen der dem Erdboden gleichgemachten Städte. Doch die Vernichtung ist noch nicht groß genug! Beide Seiten kämpfen noch, leisten Widerstand, greifen ihre Gegner an und wollen sie zurückwerfen und zerstören. Im Hintergrund, in den Atomwaffen-sicheren Befehlszentralen, berät man schon, ob man vielleicht doch Atombomben einsetzen soll, hier wäre man ja in den Bunkern geschützt.

So sehr denken diese alten Männer, Generäle, die ihr Leben dem Krieg verschrieben haben, und Staatsführer, die zu gerne nicht nur ihren Staat, sondern viel lieber die ganze Welt beherrschen wollen, über ihre völlig welt- und realitätsfremden Ziele nach, bei denen der einzelne Mensch überhaupt nichts zählt.

Und niemand kann sich vorstellen, dass vielleicht der erste kleine Funke, der letztendlich zu einer weltweiten grausamen Eskalation geführt hat, durch solch alte, verschrobene, realitätsfremde Männer in die Welt gesetzt wurde, indem durch geschickte Propaganda – wie Emanzipation, Religion, unterschiedliche politische Richtungen – der „Unfriede" in unsere Familien, in unsere Gemeinschaften, in unsere Welt gesetzt wurde, weil sie hofften, dass die Situation eskaliert, ihre Gegner dadurch schwach werden und sie letztendlich die WELTHERRSCHAFT antreten könnten.

Lass alle in Frieden leben, lass mich in Frieden leben, wir müssen nicht einer Meinung sein, aber müssen uns respektieren und jedem von uns seinen Platz lassen, auf dem er nach seinen Werten leben kann.

Wir sind viel zu sehr davon geprägt, den anderen immer etwas aufzwingen zu wollen, denn wir wissen ja, was gut ist, was recht ist.

Friede kann man nicht erzwingen, es ist ein zartes, sanftes Gut. Nur der Krieg kann aufgezwungen werden. Ihm zu widerstehen erfordert Mut!

Christian Hans Friedl

Herbert

Er saß, gut gefüttert, in seinem Garten auf der Hollywood-schaukel und rülpste. Der Nudelauflauf lag ihm etwas schwer im Magen. Gemächlich wippte er vor und zurück, und vor und zurück, und war mit seiner Welt zufrieden. Die Mittagssonne schien ihm auf den Bauch und es war ihm angenehm warm. Nach dem lang ersehnten Regen, es hatte den ganzen März nicht geregnet, war die Natur explodiert. Die Obstbäume, weiße und zartrosa Bauschen, dottergelb die Forsythien, blutrot die Tulpen. Über den frisch gemähten Rasen hüpfte ein Amselpärchen und stocherte nach Regenwürmern. „Sollen sie bloß aufpassen, dass das Katzenvieh sie nicht erwischt", dachte Herbert, als er es sah. Und er erinnerte sich an das Kernbeißermännchen, das die Katze im Winter unter dem Vogelhaus zerfleischt hatte, um es dann einfach liegen zu lassen. Als Herbert den Vogel begrub, tauchte auf einmal das Weibchen, seine Gefährtin, auf. Nur wenige Meter neben ihm ließ sie sich auf dem Boden nieder und flog nicht mehr weg. Sie trauerte. Sie trauerte so sehr, dass Herbert sie Tage später tot, ohne ein Anzeichen einer äußeren Verletzung, fand. Herbert war von ihrem Tod tief berührt gewesen und noch heute, wenn er daran dachte, überkam ihn eine schwere Wehmut.

Herbert hielt im Schaukeln inne und griff nach der kleinen Tageszeitung, die auf dem Beistelltischchen lag. Neue Angriffswelle statt Osterfrieden schrie ihn die Schlagzeile an, doch Herbert reagierte nicht darauf, sondern drehte die Zeitung um und sah sich das Fernsehprogramm auf der Rückseite an. „Heute spielt es Das Traumschiff, das wird Hilde freuen", dachte er sich und musste seine Augen zusammenkneifen, als er zur Sonne hochschaute. Was für ein wunderbarer Tag! Herbert legte die Tageszeitung neben sich, lehnte sich zurück und schloss die Augen und begann wieder zu schaukeln.

Da wurde, von Herbert völlig unbemerkt, Erde unter ihm verschoben und dem Licht entgegengedrängt. Und auf einmal tat sich vor ihm der Erdboden auf, bröckelte Erdklumpen aus, spie einen Hügel aus. Und aus der Maulwurfsburg schnaufte ein Wesen, das Herbert erstarren ließ, als er es bemerkte.

„How do you do? Where am I?"

Herbert sah das Wesen fassungslos an. Er träumte nicht. Vor ihm stand ein kleiner Wicht, Irokesenschnitt, die Bürste blau gefärbt, in einem schwarz glänzenden bodenlangen Fellmantel. Unbeholfen fingerte er eine Sonnenbrille aus der Manteltasche und setzte sie auf seine Schnauze, die unermüdlich in alle Richtungen schnupperte. Dann grunzte er zufrieden und saugte die Luft durch seinen Rüssel so kräftig ein, dass sich sein Fellmantel blähte. Herbert war sprachlos.

„Sorry, may I introduce myself. Charles Mulfin, underground designer. We´re gonna get ourselves connected."

Herbert verstand kein Wort, verstand den fremden Maulwurf nicht. Was glaubt der eigentlich, wer er ist, dass er hier in meinem Garten herumbuddeln kann! Ist der noch bei Trost? Maulwürfe waren das Letzte, was Herbert gebrauchen konnte, und besorgt betrachtete er seinen Rasen. Die stiften bloß Unfrieden und machen einem nur Arbeit. Herbert überlegte, wohin er die Schaufel gelehnt hatte, damit er damit gegen den Maulwurf vorgehen konnte. Geschützt oder nicht, aber in der Aufregung fiel es ihm nicht ein.

„I´m on the way to Rome", erklärte der Maulwurf, „but I got lost."

Doch Herbert hörte dem zarten Quieken des Maulwurfs nicht weiter zu. Vollends verärgert sprang er von seiner Schaukel auf und stürmte laut brüllend auf die Maulwurfsburg zu, um sie dem Erdboden gleichzumachen. Da stürzte Hilde, von dem Gebrüll ihres Mannes aufgeschreckt, aus dem Haus und rief aufgeregt:

„Herbert! Herbert! Was ist passiert?!"

Herbert schreckte aus seinem Nickerchen, Schweiß stand ihm auf der Stirn und mit weit aufgerissenen Augen, völlig gebannt, sah er auf den Maulwurfshügel, der etwa zweieinhalb Meter vor ihm unbekümmert aus dem Rasen ragte.

Johanna Friedrich

Der Hase und die Schildkröte

Es war einmal ein Hase, der durchs Land zog. Dabei traf er seinen Freund, die Schildkröte. Sie gingen einen Teil des Weges gemeinsam und sprachen über das Leben. Sonnenstrahlen fielen durch das dichte Blätterdach des Waldes und Vögel zwitscherten in den Ästen. Plötzlich hörten sie wildes Gekläffe. Ängstlich spitzte der Hase seine langen Löffel und riss seine Augen weit auf. „Lauf, mein Freund. Das ist die wilde Meute. Lauf, sonst reißen dich die Jagdhunde in Stücke!" Ohne auf eine Antwort zu warten, flitzte er los. Im Zickzack durchquerte er die grüne Wiese. Er lief so schnell, wie ihn seine Pfoten trugen, doch das Gebell kam immer näher. Sein Herz pochte wie wild und er meinte schon den heißen Atem der Hunde im Nacken zu spüren. Doch da ertönte ein kurzer Pfiff und die Hunde machten kehrt.

Der Hase war mittlerweile in einem goldenen Feld angekommen und rang keuchend nach Luft. Er zitterte am ganzen Körper. Um ein Haar wäre er geschnappt worden. Er war gerade noch mit dem Leben davon gekommen. Was wohl aus Herrn Schildkröte geworden war. In seinen Kopf spielten sich Szenen ab, wie die wilde Meute das kleine Reptil zerfetzte, und Herr Hase schüttelte traurig den Kopf. Mit seinem langsamen Gang hatte sein Freund keine Chance gegen die Jagdhunde gehabt.

Doch bevor er noch weiter über das Schicksal seines Gefährten nachdenken konnte, erscholl ein schrilles Kreischen. Ein Raubvogel musste in der Nähe sein. Sofort begann Herr Hase zu laufen. Er schlug wilde Hacken durch das goldene Feld, während immer wieder der Schrei des Jägers erklang. Er rannte und rannte, bis seine Lungen zu zerbersten drohten, doch auch dieses Mal stürzte sich niemand auf ihn und er war ein weiteres Mal mit dem Leben davongekommen.

Schließlich wurde es Abend und Herr Hase ließ sich zwischen den Getreidebüscheln nieder. Er zog seine wunden Beine an den Körper und schloss gerade die müden Augen, als plötzlich ein lauter Donner ertönte. Das Geräusch war lauter als das Hundegebelle und das Kreischen des Raubvogels und so markerschütternd, dass Herr Hase am ganzen Körper zitterte. Ängstlich lief er davon, nur weit weg von diesem furchteinflößenden Geräusch. Er lief und lief, hinein in den dichten Wald, um Schutz vor dem schrecklichen Gewitter zu suchen. Zwischen Baumstämmen hindurch und vorbei an tiefen Gruben. Da fand er endlich ein Brombeerdickicht, unter das er sich zwängte.

Doch das Gebüsch war nicht verlassen. Als sich Herr Hase erschöpft gegen einen Stein lehnte, begann sich dieser plötzlich zu bewegen. Stück für Stück schob sich ein kleiner, grauer Kopf aus dem vermeintlichen Stein hervor, bis ihm eine verschlafene Schildkröte entgegenblinzelte.

„Herr Schildkröte! Ihr lebt! Wie seid Ihr den wilden Hunden und dem Greifvogel entkommen?"

Da nickte die Schildkröte gemächlich und meinte: „Ganz einfach, mein Freund. Ich habe meine Beine und meinen Kopf fest in meinen Panzer eingezogen."

„Ach", meinte da der Hase, „wenn wir doch alle einen Panzer hätten, in dem wir uns vor der Welt verstecken könnten!"

„Aber, aber, mein Freund", erwiderte da die Schildkröte, „ich verstecke mich doch nicht. Ich sammle Kraft in meinem Inneren, um jeden Tag weiterzugehen, Schritt für Schritt."

Margarete Fugger

U N K R A U T E N T F E R N U N G

Alles ausgerissen und in den Mistkübel geschmissen!
Soooooooooooo
viel
Unkraut!!!

Und es ist mit jeden Tag mehr geworden.

Alles ausgestochen
aus der schönen grünen Rasenfläche!!

Man müsste sich ja sonst genieren,
wenn sie nicht mindestens so schön und grün ist,
wie es uns die diversen Werbesendungen suggerieren.

Alles Unkraut entfernt!!
Ausgerissen!
Ausgestochen!
Und in den Mistkübel geschmissen!
Die ganze Mülltonne ist nun voll damit!!
Ach,
wäre das schön und wunderbar,
wenn nur das wachsen würde,
was wir uns wünschen täten,
wenn nur das wachsen täte,
was wir uns wünschen würden!!!

Margarete Fugger

MARIENBLÜMCHEN

Hab gehört
wie heilsam so ein Marien-Blümchen sein soll
Eine wahre Wunderpflanze
Hilfreich bei allen möglichen Beschwerden
Dekorativ und pflegeleicht obendrein
So was muss in meinen Garten rein
Bin in sämtliche Geschäfte gerannt
doch keiner hat dieses Marien-Blümchen gekannt
Wie es aussieht wollten sie von mir wissen
und ob ich ihnen den botanischen Namen nennen kann
Da bin ich also von einem Geschäft ins andere gelaufen
um diese Wunderblume zu erkaufen
doch keiner wusste, wo es diese zu erwerben gab
Nachdem ich alle Geschäfte abgeklappert hatte
begrub ich all meine Hoffnung
diese Rarität jemals mein Eigen nennen zu können
unter der Türmatte
Da fand ich es
Es war ein Buch von mittlerer Stärke
die meine Hoffnung neulich nährte
und darin stand tatsächlich etwas
über diese lang Gesuchte heiß Begehrte
Das Marien-Blümchen ist eine ganz besondere Pflanze
Es grünt und blüht ausdauernd
vom Frühlingsbeginn bis zum letzten Herbsttag
und oft sogar noch im Winter
Botanischer Name: Bellis perinnis
Bedeutung: Die ausdauernde Schöne

Marien-Blümchen sind anspruchslose Ganzjahresblüher
mit wintergrünen Blättern
Sie wachsen besonders gern in Rasenflächen
In Rasenflächen?
Wie beliebt diese Pflanze ist
beweist die Vielzahl ihrer sympathischen Volksnamen
Angerblümchen Augenblümchen Buntblume
Grasblume Frühblume Märzblume Osterblume
Sonnenblümchen Sonnentürchen Sommerröschen
Johannisblüml Katzenblümchen Kleines Kalbsauge
Maifüßchen Maisüsschen Mairöserl Maiblum
Mädchenblume Maßliebchen, Liebesblümchen
Mutterblume Margaretenblume Magritli
Mooslieb Tausendschön Himmelsblume
Ringelröslein Regenblume Rockerl
Winterkrönchen Wundkraut Zeitlose
Gartenbürstli Gänseblümchen
Gänseblümchen?

Hab´ ich die nicht erst unlängst alle ausgerissen und in den
Mistkübel geschmissen?

Margarete Fugger

FRIEDENSSTEIN AUF DER SUCHE
NACH EINEM NEUEN DAHEIM

Friedensstein
am Feld gefunden
wollte mit gehn
ein paar Runden
wollte in der Tasche bleiben
statt am Acker weiter leiden

Von Maschinen
arg geschunden
trägt er
viele viele Wunden
Möchte nimmer
im Felde liegen
sich lieber
in warmen Händen
wiegen

Grün und weiß
sind seine Farben
war einst von Wert
hier hergetragen
War Glücksstein
und zugleich
Friedensbringer
doch seine Menschen
leben lang schon nimmer

Vor ein paar hundert Jahren
wurden diese hier begraben
und er gehörte
zu den Grabbeigaben

Das Hügelgrab
zwar längst verschliffen
kein Mensch konnte davon berichten
ein leichter Wall ist noch geblieben
und es ist eine Frage der Zeit
wann die verborgenen Schätze
und Knochen
auf den Äckern rumliegen
so wie eben
dieser wundersame Stein
der nun gefunden
sein neues Daheim

Margarete Fugger

FRIEDEN
FRIEDENSBRUCKEN
FRIEDENSAMT FRIEDENSAUFTRAG
FRIEDENSRICHTER FRIEDENSDICHTER FRIEDENSEI
FRIEDENSFEIER FRIEDENSFEUER FRIEDENSMINISTER
FRIEDENSCHOR FRIEDENSMUSIK FRIEDENSLIED FRIEDENSDEMO
FRIEDENSBEWEGUNG FRIEDENSKUNDGEBUNG FRIEDENSMONAT
JAHR DES FRIEDENS TAG DES FRIEDENS WELTFRIEDENSFREUNDE
FRIEDENSFREUNDE FRIEDENSFEINDE FRIEDENSMUTTER FRIEDE
FRIEDENSOPER FRIEDENSOPA FRIEDENSPFEIFE FRIEDENSSTEINE
FRIEDEN FRIEDENSENGEL FRIEDENSSCHULE FRIEDENSENERGIE
FRIEDENSBALL FRIEDENSMAHL FRIEDENSDENKMAL FRIEDEN
FRIEDENSZEIT FRIEDENSZAHL FRIEDENSZEICHEN FRIEDEN
FRIEDENSAUFTRAG FRIEDENSPROJEKTE FRIEDENSWORTE
FRIEDENSRITUAL FRIEDENSSIGNAL FRIEDENSMAL
FRIEDENSHERRSCHAFT FRIEDENSBESCHAFFUNG
FRIEDENSKREISE FRIEDENSREISE FRIEDEN
FRIEDENSFLOTE FRIEDENSGESANG
FRIEDENSBRUCKEN
FRIEDENSBLUTE
FRIEDEN
FRIEDE
FRIED
RIED
id
id
id
id
id
id
FRIEDE
de
de
de
de
de
de
de
de
FRIEDEN
en
en
en
en
en
en
en
en
FRIEDENSBRUCKENBLUTE

Gertrud Hauck

Gedanken zur kleinen Meerjungfrau

Einst lebte in einem Palast mit schönem Garten
In unvorstellbaren Tiefen des Meeres
Ein Meerkönig mit seinen Töchtern,
Sechs kleinen reizenden Meerjungfrauen.

Wurden die Meerprinzessinnen fünfzehn Jahre,
Durften sie ihre Köpfchen aus dem Wasser strecken
Und so erzählte jedes Jahr eine andere Prinzessin
Von Himmel, Sonne, Mond und Sternen,
Vögeln, die in den Bäumen sangen,
Vom Land, mit einem traumhaft schönen Schloss,
Von Schiffen, die übers Meer in den Hafen segelten,
Vom Klang der Kirchenglocken übers Meer,
Von Kindern, die am Strand im Meer plantschten.

All diese Worte sog die jüngste Prinzessin in sich auf
Und sang traurig mit ihrer zauberhaften Stimme
Im Meeresgarten schwermütige Lieder.
Bis auch sie endlich fünfzehn war!
Wunderschön schwebte sie
Mit frischgekämmten, dunklen Haaren
Überglücklich an des Meeres Oberfläche.

Im Sonnenuntergang sah sie am Horizont
Ein Schiff durch die Wogen gleiten,
Matrosen sangen, Musik tönte durch die Luft.
Neugierig schwamm sie näher und erblickte
Eine elegant gekleidete Gesellschaft.

68

Sie sah einen jungen Prinzen mit schwarzen Augen
Und konnte ihren Blick nicht mehr von ihm wenden.
Wie die kleine Meerprinzessin
Feierte auch der Prinz an diesem Tag Geburtstag.

Plötzlich wurden die Wellen immer stürmischer,
Der Himmel wurde von Wolken immer dunkler,
Bedrohlich polterte es unter der Meeresoberfläche.
Mächtige Wogen schleuderten das Schiff hoch
Und wie ein Spielzeug zurück in den tiefschwarzen Ozean.
Entsetzt sah die kleine Meerjungfrau um sich herum
Segel und gebrochene Balken ins Wasser krachen
Und das lecke Schiff im Wasser versinken.

Oh Schreck, wo war der schöne Prinz?
Verzweifelt tauchte sie zwischen den Teilen
Und es gelang ihr, den Prinzen an Land zu retten.
Kurze Zeit verweilte sie neben ihm, aber
Sie konnte nicht warten bis er wieder zu sich kam,
Rasch musste sie zurück ins Meer.
Ein blondes Mädchen kam den Strand entlang,
Als der Prinz seine Augen öffnete, glaubte er,
Dieses Mädchen wäre seine Retterin.

Traurig schwamm die kleine Meerprinzessin
Zurück in den väterlichen Meerpalast.
Niemals würde sie dem Prinzen sagen können,
„Ich war es, die dich an Land gebracht."
Der Schmerz über ihre unglückliche Liebe
Ließ sie verzweifelt nach Auswegen suchen,
Sehnlichst wünschte sie sich Mädchenbeine,
Um zu dem schönen Prinzen zu laufen
Und zu sagen „Ich habe dich gerettet."

Listig versprach ihr die Meerhexe,
Ihren Wunsch nach Beinen zu erfüllen.
Nur ihre bezaubernde Stimme wolle sie,
Und sollte der Prinz eine andere heiraten
Und die kleine Meerjungfrau wolle zurück,
Würde sie augenblicklich im Meer zu Gischt werden.
Nur ihrem Herzen und ihrer Liebe gehorchend,
Tauschte sie Stimme und Leben gegen Beine.

Dem Prinzen gefiel die kleine Meerprinzessin,
Doch er träumte von dem blonden Mädchen am Strand,
Das er beim Öffnen seiner Augen erblickte!
Wie sollte sie ihm bloß tonlos erklären:
„Ich war es, die dich gerettet hat,
Nicht dieses blonde Mädchen."
Verzweifelt erkannte sie, wie hilflos
Sie doch ohne Sprache war.

Unglücklicherweise wollte es auch noch der Zufall,
Die Prinzessin, die dem Prinzen als Braut bestimmt,
War dieses wunderschöne blonde Mädchen
Und er war ein überglücklicher Bräutigam.
Vergessen war die kleine Meerprinzessin
Mit den schönen dunklen Haaren.

Grenzenlos war ihr Liebeskummer,
Schnell eilten ihre Schwestern ihr zu Hilfe.
Von der Meerhexe ihrer langen Haare beraubt,
Brachten sie ihr ein Zauberschwert, –
Sie musste nur den Prinzen damit töten
Und könnte weiter ihr Leben als Meerjungfrau
In den Tiefen des Meeres verbringen.

Grauenvoll erschien ihr der Gedanke,
Überhaupt einen Menschen zu töten,
Noch dazu jenen, dem ihre ganze Liebe gehörte,
Nur um ihr eigenes Leben zu retten.
Sie schleuderte das Schwert ins Meer,
Das sich augenblicklich blutrot verfärbte.
Nur ein Ausweg schien der kleinen Meerprinzessin
Noch sinnvoll, um ihren inneren Frieden zu finden,
Sich ins Meer stürzen, um zu Gischt zu werden.

Unsterbliche Luftgeister hielten eilends
Sie, das reine selbstlose Wesen, zurück
Und nahmen sie in ihre Mitte
Als unsterbliche Wohltäterin auf.
Am Schiff tief unter der kleinen Meerjungfrau
Stand der glückliche Prinz mit seiner Braut.
Mit von Frieden erfüllter Seele
Wünschte sie den beiden
Ein langes gemeinsames Leben

Tiefe Gefühle enden in vielen Märchen,
Oft, wie auch diesem, positiv.
Wären Konflikte im wirklichen Leben
Auch so leicht zu bewältigen,
Würde unmenschliches Leid
Überall über den Erdball verteilt,
Den Menschen erspart bleiben.
Kriege wären unbekannt,
Nur Friede beherrschte die Welt!

Gertrud Hauck

Der Strom

Drei Flüsse treffen bei Passau zusammen,
Grün der Inn, dunkelblau die Donau, schwarz die Ilz,
Setzen ihren Lauf gemeinsam fort nach Österreich.
Ein Stück des Weges noch jeder seine Farbe hält
Doch irgendwo werden sie dann eins,
Schlingen sich als Donau gegen Osten hin.
Singt auch der Walzer von ihrem Blau,
Sonnenstrahlen gleiten über ein graues Band,
Mal flüstern Wellen, mal zischen Strudel.
Vieler Flüsse Wasser
Aus Norden und Süden nähren ihren Lauf.

Vorbei an steilen Felsen, hehren Burgen
Erzählt die Donau fließend Geschichten
Von Reichtum, Pest und Not,
Von allen Völkern, die sie umkämpften,
Von Krieg und Frieden im Wandel der Zeiten.
Die Hainburger Pforte am Zufluss der March
War Jahrtausende lang ein heiß begehrter Platz.
Jahrzehntelang dann,
Menschenunwürdig
Menschen durch Zäune und Türme gesichert.

Neue friedlichere Zeiten sind angebrochen,
Ohne von Waffen bewacht,
Die Donau aus drei Flüssen geeint,
Unsere Heimat in freie Länder verlässt.
In tausenden Kilometern gesammeltes Wasser

Verteilt sie an ihrem Delta
In die Weiten des Schwarzen Meeres.

Symbol seien diese naturgegebenen Gesten
Für alle Menschen, verständlich als Botschaft
Von Brüderlichkeit, Menschenwürde, Freiheit,
Einfach
Friede für alle Ewigkeit

Mein Gedicht vom September 2017 spiegelt die Freude über Freiheit, Friede und Menschenwürde wider. Im September 2022 ist es jedoch ein Spiegel dafür, wie schnell diese Werte zerstört werden können, Menschenrechte verletzt und statt Friede, Unfriede herrscht.

Leopold Hnidek

Tibbets was here

No na, ist man mit subtil österreichischem Zynismus versucht zu sagen, doch ich unterlasse es, weil Fred, der mich und ein japanisches Pärchen mit seinem uralten Jeep hergefahren hat, mich ohnehin nicht verstanden hätte. Wie immer ist eine gemeinsame Fahrt mit Japanern eine Reihe von Verbeugungen, beim Einsteigen in das rustikale Fahrzeug, beim Aussteigen und sonst auch. Mein höfliches „Konnichiwa" wird zwar zur Kenntnis genommen, doch ab diesem Moment werde ich ignoriert – man weiß ja nicht, wieviel Japanisch der dicke Weiße versteht.

„That's it", verkündet Fred und weist mit weit ausladender Geste auf die wie ein überdimensionaler Schneewittchensarg wirkende Stahl- und Glaskonstruktion. „This is Number One, and this", Freds Hand zeigt nun auf eine gleiche Konstruktion etwa dreißig Meter daneben, „is Number Two."

Während ich langsam hinter den Japanern der Nummer Eins zustrebe, läßt Fred seinen eingelernten Text über die Sehenswürdigkeit los, doch ich höre gar nicht richtig zu. Für ihn ist es eine Pflichtübung, und ja, er bekommt natürlich seinen Lohn, wenn wir wieder am Flughafen sind.

Die beiden Sehenswürdigkeiten sind beinahe ident. Etwa fünf Meter lange, zwei Meter breite und etwas mehr als einseinhalb Meter tiefe aus Beton gegossene Werkstattgruben. Abgedeckt sind beide mit einem Giebeldach aus Glasplatten, die in eine Stahlrahmenkonstruktion eingelassen sind, sodaß man von außen in die Werkstattgruben hineinsehen kann. Zu sehen gibt es darin nichts, nur den bereits durch einige Jahrzehnte gealterten Beton mit den Metallsprossen darin. Vor dem Glasdach steht ein Betonwürfel mit Gedenktafel. Und irgendein Besucher, der sich offensichtlich witzig vorkam, hat mit einem Farbstift „Tibbets was here" auf den Betonblock gekritzelt.

Ich kann es gar nicht fassen. Die Trivialität der Szenerie macht mich sprachlos. Ich wende mich um und lasse den Blick über die eintönige Grasfläche gleiten. Die seinerzeitigen Start- und Landebahnen sind noch erkennbar, doch irgendwann wird die tropische Vegetation die Pisten aufgebrochen, in unablässiger Kleinarbeit Stück für Stück vernichtet haben und hoffentlich verschwinden lassen. Das war einmal der größte Flughafen der Welt – heute nichts als eine öde, verlassene Ebene. Es gibt Dinge, die müssen nicht aufbewahrt und erhalten werden. Das hier ist ein solcher Ort.

Begonnen hat dieser Teil der Reise in die Inselwelt der Marianen in Guam, der größten der Marianen-Inseln, die heute Überseeterritorium der USA ist. Ich hatte dort beruflich zu tun, und in meiner Freizeit interessierte ich mich für die Kultur der Ureinwohner, der Chamorros. Diese Bezeichnung ist spanisch, heißt auf deutsch „dicke Waden" und wurde von Fernando Magellan geprägt. Nach drei Monaten Fahrt auf dem größten Ozean dieser Erde, ohne Proviant, Wasser und auch nur eine Insel zu sehen, kam er hier beinahe verdurstet an, zum Gaudium und zur Abwechslung der Insulaner, die mit vielen kleinen Booten Magellans Karavellen heimsuchten, erkletterten und mit affenartiger Geschwindigkeit alles stahlen, was sie gerade noch davonschleppen konnten. Magellan taufte die Inseln in seiner Seekarte daher „Diebesinseln". Die Chamorros haben einige kulturelle Eigenheiten in ihrem langen Insulanerdasein entwickelt, darunter die „Latte Stones", die aber nichts mit Milch zu tun haben. Das sind Steinsäulen, deren oberes Ende verbreitert ist, etwa in Form eines umgekehrten Pilzhutes. Mehrere dieser Steinsäulen wurden in Gruppen errichtet, darauf Balken und Stämme gelegt und somit in luftiger Höhe eine Fläche geschaffen, auf der eine oder zwei Familien leben konnten. Ein Dach aus Blättern war rasch daraufgesetzt. Und die Toten der Familie wurden unten, in der Erde zwischen den Säulen, bestattet. Auf Guam sagte man mir, dass der größte Bau dieser „Latte Stones", die Reste des Palastes des legendären Königs Taga, auf der Insel Tinian stünde. Da ich einige Zeit zuwarten mußte, bis einige Ersatzteile geliefert wurden, hatte ich Zeit, in der ich mir diese Sehenswürdigkeit ansehen wollte.

Am einfachsten kann man das mit dem „Island Hopper" erledigen, dem zweimotorigen Beechcraft-Flugzeug der Star Mariana Airline. Der startet morgens in Guam, landet nach einer Dreiviertelstunde auf der Insel Rota, fliegt wieder eine Dreiviertelstunde nach Tinian, wo ich aussteige. Dann fliegt er noch weitere acht Minuten bis Saipan. Und abends dieselbe Strecke retour – wieder mit mir, denn auf Tinian möchte ich nicht bleiben.

Von den seinerzeitigen zwölf Säulen des House of Taga steht nur noch eine, und die ist auch schon beschädigt. Nachdem ich die Reste des Chamorro-Palastes ausgiebig besichtigt habe, fragt mein Guide Fred, ob ich mir noch eine Sehenswürdigkeit ansehen möchte. Na klar, auf der beinahe brettelebenen Insel ist jede Ablenkung willkommen, sonst muß ich in irgendeiner Bar so lange Cocktails schlürfen, bis mich der Flieger wieder abholt.

Also hat Fred die beiden Japaner und mich hergebracht. Und jetzt stehe ich hier, blicke hinab in die leere Grube, und langsam kriecht mir trotz der tropischen Temperatur ein kalter Schauer den Rücken hinauf.

Auf der metallenen Gedenktafel steht „Bomb Loading Pit No. 1".

Hier war es also. Hier am 6. August 1945. Sechs Männer werken in der Grube im Scheinwerferlicht an einem runden massiven metallenen Gegenstand, beginnen nun den Pumpvorgang, mit dem der Gegenstand angehoben wird und mit jedem Ruck höher und höher steigt, schließlich langsam, Zoll für Zoll im Bauch des großen Flugzeuges verschwindet, das mit offener Klappe über der Grube steht. Ein Ruf aus dem Flugzeug ertönt, die Männer an der Pumpe halten inne, blicken hinauf. Ein weiterer Ruf, die Männer unten klettern aus der Grube, die Kette, an der die Metallmasse hochgezogen wurde, rasselt hinunter. Klappen schließen langsam den Bauch des Flugzeugs. Kurz danach startet der Pilot die Motoren. Alles funktioniert einwandfrei, die vier Motoren kommen auf Touren. Ein Mann mit Leuchtstäben dirigiert das Flugzeug auf die Rollbahn, langsam reiht es sich in die vor ihm zur Startbahn rollenden Maschinen ein. Dann kommt das Startsignal. Colonel Tibbets erhöht die Drehzahl der Motoren, sie heulen auf und reißen die B 29 Superfortress nach vorne. Als die Nase der Maschine in die Höhe steigt, blitzt in einem Reflex ein Schriftzug auf: „Enola Gay". Die Maschine hebt ab, Colonel Tibbets mit seiner Mannschaft ist unterwegs.

Fünfeinhalb Stunden später zuckt ein Fanal über der japanischen Stadt Hiroshima in den Himmel, heller als tausend Sonnen, formt sich zu einer gewaltigen pilzförmigen Explosionswolke und löscht mit einem Schlag 100.000 Menschenleben aus.

O ja, Mensch, jetzt bist du der Tod geworden.

Was willst du, wird mancher sagen, damals war Krieg. Da wird nicht lange gefackelt.

Stimmt schon, und heute ist auch Krieg.

Eigentlich war immer Krieg, irgendwo, solange ich zurückdenken kann. Manches Mal schien er näher, meistens jedoch weit weg. Ich mag es gar nicht aufzählen, von Toko Ri in Korea bis Idlib in Syrien, und das ist nur die Zeitachse. Die Panik in den Augen meiner Frau, als ich den Stellungsbefehl bekam, Ergänzungskommando Süd, Sanitätsbataillon Leibnitz, Verteidigung gegen Jugoslawien.

„Mußt du jetzt in den Krieg?", flüsterte sie.

„Es wird schon nichts werden", meinte ich. Diesmal hatte ich recht, die Krise war schneller vorbei, als ich einrücken konnte.

Krieg – muß der sein?

Wenn er nicht sein müßte, dann gäbe es ihn ja nicht?

Und es ist ja nicht nur Krieg, also bewaffnete Auseinandersetzung. Der Mensch wird von so vielem getrieben, Gier, Neid, Rache, Eifersucht und vielem mehr. Und wenn es auch nicht nur Mord und Totschlag ist, so gibt es Gewalt gegen Menschen in unzähligen Varianten. Warum muß das sein? Wollen wir nicht alle Frieden? Ja, aber was ist Friede?

Ist es nicht seltsam, daß wir nicht genau definieren können, was Friede ist – wir müssen es dadurch bezeichnen, was Friede nicht ist, etwa dem Anderen den Schädel einschlagen. Friede ist auch nicht Mädchen verschleppen, vergewaltigen und als Sklavinnen halten. Friede ist auch nicht, kleine Buben zu Kindersoldaten, zu Mordmaschinen abrichten. Was ist dann Friede?

Ist es Friede, wenn man seine Mitmenschen drangsaliert, erniedrigt, seine Gelüste befriedigt wie etwa der Zeitungsmagnat, der sich junge Mitarbeiterinnen gefügig macht, weil sie wirtschaftlich von ihm abhängig sind? Ist es Friede, wenn der Wirtschaftsboß beschließt, den Karton Waschmittel um denselben Preis zu verkaufen wie vor einem Monat, nur ist jetzt um 15 % weniger drin? Ist es Friede, wenn jemand Leuten einzureden versucht, daß seine Meinung die einzig richtige ist und alle, welche diese Meinung nicht anerkennen wollen, bestraft und benachteiligt werden müssen? Und welche Religion, politische Partei oder Gesinnungsgemeinschaft ist schon die einzig wahre?

Ist es nicht auch Anwendung von Macht und Gewalt, wenn der Firmenchef dir in salbungsvollen Worten erklärt, daß er gerade deine Meinung sehr schätzt und deine Beiträge für das Projekt äußerst wertvoll sind, aber wir machen es doch anders. Abseits der salbungsvollen Worte heißt das nichts anderes, als daß er auf deine Meinung pfeift und ihm egal ist, was du sagst.

Ach ja, und wir sollen doch ein Team bilden, zusammenarbeiten, gemeinsam sind wir stark! Wozu müssen wir stark sein? Doch nur, um Konkurrenz aus dem Feld zu schlagen! Aber nein, sieh dir doch ein Fußballteam an – da spielen viele zusammen, um zu gewinnen! Schon, aber welche Intrigen laufen im Hintergrund zwischen den Teammitgliedern? Ein schiefes Wort über den Trainer, und du bist für den Rest der Vertragslaufzeit in der Reservemannschaft. Und wer meint, daß es – einerlei ob Fußballspiel oder andere Rangelei – fair und anständig zugeht, braucht nur die oft gemeinen und bösartigen Fouls zählen.

So einfach ist es mit uns Menschen und mit der Gewaltfreiheit. Denn immer, wenn wir etwas erreichen wollen, werden wir es zu erreichen versuchen. Und dabei die sich in den Weg stellenden Hindernisse überwinden wollen. Das bedeutet auch, alle unseren Bestrebungen entgegenstehenden Bemühungen zunichte zu machen – was gegenüber anderen, weniger durchsetzungskräftigen Personen letztlich ein Akt der Gewalt ist, wenn auch ein zumeist unblutiger.

Dennoch bleibt es unser Wunsch, in Ruhe und Frieden zu leben. Vielen von uns Menschen gelingt es, einen Platz in der Welt zu finden, auf dem wir uns bewähren und an dem wir leben können, an dem wir unsere Existenz so einrichten, daß wir künftig hoffentlich ohne größere Probleme zurechtkommen.

Gleichzeitig wissen wir, daß die Ecke, in der wir es uns angenehm gestalten konnten, nicht so bleiben muß. Leben heißt Veränderung, jedes Jahr, jedes Monat, jede Minute. Der eine Augenblick ist im Nu vorbei, und es folgt ein neuer, bisher nicht bekannter. Für diesen müssen wir uns wieder bewähren, und je weiter diese neuen Momente in der Zukunft liegen, umso ungewisser wird das Ergebnis unserer Bemühungen – und umso ungewisser wird, ob wir mit bewährten Mitteln den neuen Situationen begegnen und sie beherrschen können.

Das Angehen gegen die aus der Zukunft auf uns einwirkenden Kräfte ist durchaus auch mit Mitteln der Gewalt erforderlich – schließlich ist der Mensch mit Erhaltungs- und Überlebenstrieben ausgestattet, die eine rein gewaltfreie Vorgangsweise oft gar nicht erlauben.

Was ist dann Friede?

Zu unserem Glück ist Friede ein Zustand, den wir als Menschheit durch anerkannte gesellschaftliche Regeln erreichen wollen, weil Mord und Totschlag ja nicht gerade das ist, was uns als Ideal vorschwebt. Nein, wir wollen mit jenen, die wir lieben, voll Freude und Glück zusammenleben, unsere Kinder als wertvolle Mitglieder der Gesellschaft erziehen und gönnen dies vernünftigerweise auch allen anderen. Und doch sitzt in uns allen auch das Streben nach besseren Umständen, als sie die anderen haben.

Damit ist der Friede – Gott sei gedankt – das Ideal des menschlichen Zusammenlebens.

Aber was ist Friede, dieses Ideal, das in der Realität nie ganz erreicht werden kann?

Richtig. Eine Utopie. Die wir trotzdem immer und mit allen Kräften anstreben sollen und müssen – damit es uns wohl ergehe auf Erden.

Gertrude Hubeny Hermann

Dana von Fruahall

(Ausschnitt aus dem gleichnamigen Fantasy-Roman)

Über den Wäldern von Chodinhall zogen dunkle Wolken auf, eigenartige Wolkengebilde mit phosphoreszierenden Rändern und im Dunkeln violetten Streifen. Entfernt grollte der Donner. – Der Orkan brauste und tobte dem Inferno gleich über den Eichenwipfeln. Seine Wut galt den Eichen, sein Grimm war ihre Vernichtung und sein Zorn beinhaltete Verwüstung. Dieser herrliche Eichenwald, das Sinnbild der Freiheit mit seinen alten, hohen Stämmen war reif für den Schnitt, das war die wutgeladene Erkenntnis des Orkans und er heulte seine Meinung über das Land des Friedens. Schon knackten einzelne Äste der Eichen und fielen auf den moosigen Grund, schon neigte sich eine Eiche halb zur Seite und ihr Wurzelstock riss ein klaffendes Loch ins Erdreich und es schien, als sei der Eichenwald zum Sterben verurteilt. Durch das diffuse Licht sah der Eichenwald unwahrscheinlich verletzlich aus, – er, der immer Starke, der bis dahin allen Wettern trotzte, dieses Mal schlug ihm seine Stunde. Ein Blitzschlag und er brannte lichterloh. Von den schwefelgelben Wolken war keine Hilfe zu erwarten, denn es waren keine Regenwolken, die den Brandherd hätten löschen können, diese Wolken kannten nur ein Ziel, die Vereinigung mit ihrem Herrn, dem Orkan. Plötzlich verwandelten sich die violetten Streifen zu Blitzen und fuhren gleich Geschoßen nieder. Zornentbrannt bombardierte die violette Energie den Feind. Obwohl der Eichenwald seine Wipfel noch tiefer beugte und noch verletzlicher wirkte, obwohl er versuchte, mit seinen Ästen den Blitzen auszuweichen, schien er dem Verderben preisgegeben. Die Asche des Lebens würde sich über das Friedensland senken.

Die Sonne stand noch hoch im Westen und warf ihre Kraft in die Wolken des Orkans. Ihr Strahlenkranz durchdrang das bösartige Gebilde und zerteilte es in Dutzende Stücke.

Inzwischen hatte sich der Nordwind auf den Weg begeben und blies aus vollen „Nüsteni" über das Friedensland. Der Nordwind blähte sich auf und trieb die Orkanböen gegen Süden, schnaufte einmal tief durch, atmete aus und verwirbelte das Ungemach an den Felswänden des Südgebirges.

Über dem Friedensland aber fing es zu regnen an, fein und stetig rieselte es von der Wolkendecke hernieder. Die einzelnen Brandherde erloschen ...

Der Eichenwald richtete sich auf. Das Unwetter hatte ihm wohl einige Wunden geschlagen, aber keine bleibenden Schäden …

Wo lag das Land des Friedens? Im Milchstraßen- oder im Sonnensystem – oder auf dem Planeten Erde? Vielleicht lag es im Kreislauf der Dinge, dass die Menschheit immer wieder dieselben Fehler wiederholte, dieselben Emotionen spie und dasselbe Leid erlitt. Leben und Tod, ein stetiger Kreislauf nie enden wollender Drehzahl. Wäre es doch der Kreislauf des Friedens über den Welten der Dinge.

Friedensbrücken

Wie weit, wie weit
in dieser Zeit
ist Menschlichkeit?

Wenn wir uns nicht trauen
immer wieder Friedensbrücken
zu bauen,
dann ist sie weit
die Menschlichkeit.

Wenn wir aber eben
die Waffen niederlegen,
den Hass nicht mehr schüren,
stattdessen Liebe und
Verständnis erspüren,
nur dann ist Mensch-Sein
fein.
So sollte es sein.

Oder? – Nein?

Judita Kaššovicová

Gedicht der Stille

Am Ursprung des Wortes
am Brunnen der Stille
ohne einen Tropfen Wasser
dort gebiert das Wasser.

Deshalb bedenke es
nicht einmal das Wasser
war einst Wasser.
Andauernd erinnere
dich daran.

Die Gischt auf dem Wasser
wird Schleier deiner Augen
bis zur Auflösung der Struktur.

Und du wirst keine anderen Götter mehr haben
neben mir.

Übersetzung: Ildikó Hushegyi,
Viola Haluska

Victor Klykov

Daniil Solojoff
Künstlerleben in französischer Emigration *

Im Jahr 1965 arbeitete ich als russisch-französischer Dolmetscher auf dem Internationalen Salon für Luft- und Raumfahrt in Bourges. Dort habe ich einen Mann getroffen, der mein Freund für mein weiteres Leben geworden ist, Daniil Solojoff, sowie seine Frau Lisa und Georges Rubissov. Ich erinnere mich noch an das Bild der Bekanntschaft. Es war ein sonniger Maitag. Wir, der Direktor des sowjetischen Pavillons und ich, standen in der Nähe des Eingangs zum Pavillon, redeten über etwas und schauten die vorbeigehenden Franzosen an. Nicht weit entfernt tauchte eine Gruppe von drei Personen auf, die wie eine Dreifaltigkeit auf uns zukamen. In der Mitte befand sich ein junger, gut aussehender, schlanker Mann, der Don Quijote ähnelte, links ging, die Blicke anziehend, eine kleine bezaubernde, anmutige, blauäugige Dulcinea, rechts rollte ein kleiner, runder korpulenter Mann auf uns zu, der wie Sancho Panza aussah. Der junge, schlanke Herr sah uns, lächelte breit und stellte sich in reinster russischer Sprache vor: „Ich bin Daniil Solojoff, das sind meine Frau Lisa und George Rubissov." Wir waren angenehm überrascht – es stellte sich heraus, dass es sich um russische Auswanderer der ersten Welle handelte, russische Auswanderer nach der Oktoberrevolution von 1917. Es entstand ein lebhaftes Gespräch.

Ich mochte sie sofort wegen ihrer Lockerheit, die für die Sowjets damals sehr ungewöhnlich war, und der Sympathie, mit

---

* Ausschnitte des Artikels von Victor Klykov: „Daniil Solojoff – russischer Maler, Dichter und Musiker im XX. Jahrhundert", veröffentlicht in der Zeitschrift BEREGA N3 (45), 2021.

der sie über Sowjetrussland sprachen. Unsere Gäste waren vom sowjetischen Pavillon restlos begeistert. Hauptsächlich sprach Daniil Solojoff. Er stellte sich als Künstler vor, seine Frau war Russisch-Lehrerin, der dicke Herr ein erfolgreicher Ingenieur. Zum Abschied lud Herr Solojoff uns ein, unbedingt seine Gemälde anzusehen.

Das Treffen hinterließ einen angenehmen Eindruck, und ich wollte sie wiedersehen. Ich hatte begonnen, mich aktiv für Malerei zu interessieren, Moskauer Museen zu besuchen, insbesondere das Staatliche Museum der bildenden Kunst im Puschkin-Museum, wo die Malerei der französischen Impressionisten, Expressionisten und Avantgarden des späten 19. bis frühen 20. Jahrhunderts sehr gut vertreten war. Es gab „Tauwetter" im Land. Geöffnete Ausstellungen von zuvor „verbotenen" sowjetischen Künstlern wie Falk, Tyshler, sowie modernen Grafikern.
Besonders freute ich mich darauf, Gelegenheit zu haben, mit einem zeitgenössischen russischen Künstler, der in Frankreich lebte, zu kommunizieren und seine Werke zu sehen. Eines Tages machte ich mich mit freundlicher Genehmigung meines Chefs alleine auf den Weg, denn er selbst beschloss, seinen Ruf nicht durch einen Besuch bei russischen Auswanderern zu riskieren. Ich habe nicht darüber nachgedacht. Ich bin mit einem Blumenstrauß und einem kleinen russischen Souvenir zu ihnen gegangen und fand ihr kleines Haus im 11. Arrondissement von Paris im großen Hof eines höheren Hauses. Über eine knarrende Holztreppe bin ich in den zweiten Stock und zu ihrer Wohnung gekommen. Es war ein äußerst spartanisches kleines Zuhause, und ich hätte nie erwartet, dass erfolgreiche Menschen in einer

solchen Wohnung leben könnten. All dies war nicht mit Wohnungen zu vergleichen, in denen ich und meine Freunde bereits in Moskau gelebt haben.

Aber meine Stimmung verbesserte sich sofort, als ich ihre gastfreundlichen Gesichter sah, die vor Freude glühten. Ich wurde in ein gemütliches Wohnzimmer geführt, wo ein Klavier mit einer darauf liegenden Geige stand. An den Wänden hingen die Gemälde von der Decke bis zum Boden, die Regale gefüllt mit Büchern und antiken Souvenirs aus verschiedenen Ländern. Wir setzten uns an den Tisch, tranken Kirschlikör Cherry, ein geliebtes Getränk der Solojoffs. Danja (wie Lisa ihn nannte) stellte eine Staffelei und einen Stuhl in die Mitte des Raumes, mit einer großen Mappe darauf, öffnete sie und begann, seine Bilder zu zeigen und zu erzählen. Und ich wurde plötzlich in eine andere Welt versetzt, in Daniil Solojoff's magische Märchenwelt der Malerei, Poesie und Musik. Was ich gesehen habe, sah nicht wie die Arbeit anderer Künstler aus. Die Bilder auf der Staffelei veränderten sich vor mir nacheinander wie in einem Film. Allmählich verwandelte sich der Raum in ein in allen Farben des Regenbogens leuchtendes fröhliches Königreich, in dem Schmetterlinge und Libellen flogen, Fische und Meerjungfrauen schwammen, Blumen zum Leben erwachten und sich in verliebte Paare verwandelten. Der russische Samowar tanzte, junge Mädchen flogen im hemmungslosen Frühlingstanz umher, Fische schwebten am Himmel, und in der Unterwasserwelt krähte der Hahn, und eine traurige Dame spielte Geige. All das hat mich buchstäblich hypnotisiert, und ich saß bei ihnen bis spät abends.

Als ich ging, nahm ich drei Geschenke mit, die mir am Herzen lagen: das Gemälde „Das Unterwasserreich" und zwei ins Französische übersetzte Bücher mit wunderbaren Illustrationen von Solojoff – eine Jerusalemer Bibel „Brief des Heiligen Apostels Paulus" und „Taras Bulba" von N. Gogol. Daniil war auch ein überaus geschätzter Grafiker.

Solojoff korrespondierte auch mit dem bekannten russischen symbolistischen Schriftsteller, Künstler und Kalligraph Alexei Remisow, einem großen Kenner der altrussischen Kunst. Interessant ist auch, dass Remisow in Russland vor der Emigration mit Velimir Chlebnikov befreundet war, der ihn als älteren Freund und Lehrer wahrnahm. Seine Freundschaft mit Solojoff basierte auf ihrer gemeinsamen Liebe und kreativen Suche nach dem „russischen Stil". Das hat Solojoff näher mit Remisow zusammengebracht.

Viele Jahre war ich inspiriert durch Lisa und Dan und von seiner Malerei, um eigene Gedichte zu schreiben und sie oft mit seinen Bildern zu illustrieren.

Mein Gedichtband Вдохновение /Inspiration" mit einer Zeichnung von D. Solojoff auf dem Cover erschien beim selben Verlag, der später ein poetisches Buch von Dan veröffentlichte.
Es geschah damals völlig unerwartet, als mir beim Suchen einer passende Illustration für den Verlag eine Zeichnung Daniil's an mich buchstäblich aus meinem Archiv herausgefallen war: Violine – die Personifikation der Musik, ein verliebtes Paar, Sterne, Lamm und der Fisch – Symbole des Christentums. Dan hatte mir einmal erzählt, dass er oft den Fisch hinzufügte wie das Symbol für „Wasser und Leben". Ich hatte das Gefühl, dass er mich mit seiner „herausgefallenen" Zeichnung, die für mein Cover sehr passend war, segnen wollte.

Daniil Solojoff war auch ein bemerkenswerter Dichter, der von hervorragenden Literaten und Künstlern der russischen

Emigration sehr geschätzt war. Irina Odoyevtseva, eine bekannte Dichterin Russlands, schrieb: „Seine Poesie ist so originell wie seine Malerei. Zunächst einmal sind sie allegorisch. Seine Frauenfiguren verkörpern den Frühling und offenbaren immer ein Geheimnis, und Wolken ziehen über den Himmel – ein Symbol der Verwirrung. … In gewisser Weise ähneln seine Werke dem menschlichen Schicksal von uns allen."

Daniil war fast sein ganzes Leben im Ausland, immer aber liebte er die Heimat leidenschaftlich, interessierte sich für alles, was in Russland passierte, machte sich oft Sorgen und freute sich über Positives, litt aber darunter, dass er weiter im fremden Land lebte. Alle seine Kunstarbeiten sind von diesem Gefühl durchdrungen.

Über sein Leben in Vertreibung und Emigration sagte Daniil Solojoff selbst in einem Vorwort zu seinem Buch „Diez und Bemoli" (Paris): *„Ich wurde am 14. Februar (im alten Stil) 1908 in Russland in St. Petersburg geboren. 1917 wurde ich ermordet. Ich wurde 1920 begraben … 1950 bin ich in Lyon in Frankreich auferstanden als Künstler und Dichter auftretend …"*

Diese Kurzbiographie verlangt eine genauere Erklärung:

Daniil Andreevich Solojoff wurde in einer Adelsfamilie eines Militärarztes geboren, der in St. Petersburg lebte. Seine Mutter war eine Prinzessin aus der Dynastie der montenegrinischen Könige Kara-Georgiewitsch. Nach der Oktober-Revolution 1917 verließ die Familie Petrograd und zog zu Daniils Großmutter nach Kertsch. Dort setzte er seine Ausbildung am Alexander-Männergymnasium fort, dem ältesten Gymnasium der Krim. In dieser Zeit zeigten sich besonders seine Fähigkeiten zum Musizieren und Zeichnen. 1920 näherte sich die Rote Armee der Stadt. Es begann die panische Evakuierung, und die Solojoffs verließen Russland für immer. Sie wurden zuerst nach Konstantinopel evakuiert, dann nach Rumänien. Im Jahr 1925 absolvierte Daniil in Kischinjow mit Auszeichnung das Gymnasium, lernte Geigenspiel, zeichnete und schrieb Gedichte. Bei einem der Treffen russischer Auswanderer sah er ein entzückendes Mädchen mit riesigen blauen Augen, das wunderbar Klavier spielte. 1931 heirateten sie und trennten sich nicht mehr. Ihr Leben, wie auch das Leben von Millionen von Menschen zu dieser Zeit, besonders in Europa, war nicht einfach. Im Jahr 1944, mitten im 2. Weltkrieg, wurde Daniil während einer Straßenrazzia von einer deutschen Patrouille verhaftet und in ein Zwangsarbeitslager bei Bremen nach Norddeutschland gebracht. Ohne sich von ihrem Mann trennen zu wollen, ist Lisa Solojoff, die in einer reichen intelligenten Familie aufwuchs und nie Schwarzarbeit kannte, freiwillig mit ihm und ihrer Mutter ins Lager gefahren. Sie kannte die deutsche Sprache sehr gut und wurde als freiberufliche Übersetzerin zum Kommandanten des Lagers gebracht. Der Familie wurde eine Ecke in einer Baracke abgetrennt. Das hat ihnen das Leben gerettet. Der Krieg endete. Jener Teil Deutschlands wurde 1945 von den Briten befreit. Die Solojoffs reichten Unterlagen ein, um nach Frankreich ausreisen zu können, wo Dans Tante lebte. Sie mussten darauf lange warten, und Daniil litt an Tuberkulose. Im Jahr 1949 fand schließlich seine erste Einzelausstellung in Lyon statt, 1950 wurde er zu Ausstellungen in den Kunstsalons von Monte Carlo im Fürstentums Monaco eingeladen. Endlich stellte sich Erfolg ein.

Eines Tages lernte Solojoff in Cannes Marc Chagall kennen. Als er mit Lisa zu dessen Ausstellung kam, begrüßten sie ihn auf Russisch. Chagall erwiderte freundlich: „Endlich kannst du

Russisch sprechen!" Beim Abschied riet er ihm: „Arbeite frei, gib deinen Fantasien Raum." Ich denke, es hat Daniil geholfen, sich in seiner gewählten Art der Malerei zu etablieren und seine manchmal fabelhaften Fantasien, seine innere Welt und seine magischen Kindheitserinnerungen frei auszudrücken.

Lisa und Daniil Solojoff mit dem Maler Marc Chagall,
Paris, um 1965
© Privatarchiv Victor Klykov

Karl Krammer

Der lange Weg zum Frieden

Das Unheil begann am 12. März 1938 und sollte die Menschen im Osten Österreichs fast zwei Jahrzehnte im Würgegriff haben.

Es war am dritten Tag nach dem Einmarsch der deutschen Wehrmacht in unserem Land, an dem mein Großvater in Wien zu tun hatte.

Da ihm nach Abschluss seiner Erledigungen noch etwas Zeit bis zur Abfahrt seines Zuges verblieb und die Leute in Scharen zum Heldenplatz strömten, wo der selbsternannte Führer des deutschen Volkes die Begrüßungskundgebung in seiner früheren Heimat gab, wollte er auch dorthin, um die verbleibende Zeit zu überbrücken.

Er konnte der Begeisterung der hier versammelten Menschenmasse zwar nichts abgewinnen, es interessierte ihn aber doch, was dieser Mann zu sagen hatte.

Viel zu verstehen gab es im äußersten Bereich dieses riesigen Platzes allerdings ohnehin nicht. Die undeutlichen Worte wurden ständig durch Beifallsbekundungen unterbrochen. Die Leute schrien euphorisch und streckten wie dressierte Affen die rechte Hand in die Höhe. Er hingegen bewegte die rechte Hand nur, um auf die Uhr zu sehen, damit er den Zug nicht versäumte.

Als es schließlich Zeit war aufzubrechen, stellten sich ihm zwei Herren in langen schwarzen Ledermänteln in den Weg.

Warum er es denn plötzlich so eilig habe und warum er zuvor ständig auf seine Uhr gesehen habe, wollten sie wissen. Ob er vielleicht eine Bombe platziert hätte und vor deren Hochgehen rasch weg wolle?

Es kostete ihn einiges an Überzeugungskraft, den Herren klar zu machen, dass er dies nur getan habe, um die Abfahrt des Zuges nicht zu versäumen.

Mit viel Glück entging er einem eingehenden Verhör in der Gestapozentrale und konnte wie geplant die Heimreise antreten.

Ihm war nun klar geworden, dass man in Zukunft sehr vorsichtig sein musste. Schon die kleinste Handbewegung konnte falsch verstanden werden und unabsehbare Konsequenzen nach sich ziehen. Auch bei dem, was man sagte, galt es, sehr bedacht zu sein und aufzupassen, wer sich in Hörweite befand.

Nicht einmal innerhalb der Familie konnte man Klartext reden, da man auch damit rechnen musste, dass die Kinder in der Schule etwas ausplaudern würden.

In seiner Heimatgemeinde Höflein hatten sich bald zwei Gruppen gebildet: Jene, die über die Heimholung Österreichs ins Deutsche Reich hoch erfreut waren, und solche, die dies eher skeptisch verfolgten, waren doch die Änderungen im täglichen Leben gravierend. Mein Urgroßvater, der im Dorf Briefträger war, musste zum Beispiel herausfinden, in welchem Haus er weiterhin „Grüß Gott" sagen konnte und wo er mit „Heil Hitler" grüßen musste.

Kurz nach dem Einmarsch begannen die sogenannten Säuberungen. Der Bürgermeister, der auch Abgeordneter der damaligen Regierungspartei, der „Vaterländischen Front", war, wurde verschleppt und durch den national-sozialistischen Ortsgruppenführer ersetzt, der später dann auch Abgeordneter des deutschen Reichstages wurde.

Die im Dorf befindlichen Juden wurden, sofern sie nicht rechtzeitig ausreisen konnten, in den Selbstmord getrieben oder verhaftet.

Dass bei den diversen Huldigungsveranstaltungen für den Führer die Leute riefen: „Wer gibt uns Arbeit und Brot: Der Führer!", löste bei meinem Großvater nur Kopfschütteln aus, waren doch auch viele Bauern dabei, die eigentlich wissen sollten, dass für das Brot nur sie selbst zuständig waren. Und das mit der Arbeit war auch so eine Sache, waren es doch hauptsächlich Arbeitsplätze in der Rüstungsindustrie, was wiederum nur Sinn machte, wenn es zu einem Krieg käme.

Und so war es dann auch. Vom Kriegsausbruch erfuhr er während einer Wallfahrt mit meiner Mutter in Mariazell.

Er wurde auch bald darauf zur Wehrmacht eingezogen. Zuerst in die Hainburger Kaserne, wo er für die Betreuung der Pferde zuständig war und oft die Möglichkeit hatte, nach Hause zu kommen. Das änderte sich jedoch, als er mit Fortdauer des Krieges in Richtung Ostfront verlegt wurde.

An seiner statt wurde der kleinen Landwirtschaft seiner Familie eine junge Ukrainerin, die von den Deutschen verschleppt worden war, zugeteilt. Sie konnte natürlich den Betriebsführer nicht ersetzen, deshalb hat man nach einiger Zeit auch noch einen polnischen Zwangsarbeiter dem Hof zugeteilt.

Dass die beiden Familienanschluss hatten, war für meine Großmutter und die im gemeinsamen Haushalt wohnenden Urgroßeltern selbstverständlich, wurde allerdings von den Nazis im Dorf nicht gerne gesehen, da sie nach deren Diktion Angehörige einer minderwertigen Rasse waren.

Die Familie hat deshalb auch sehr gelitten, als die Ukrainerin wieder abgezogen wurde und in einer Wiener Munitionsfabrik arbeiten musste, wo sie gegen Ende des Krieges bei einem Bombenangriff ums Leben kam.

Als die Front von Osten her näher rückte und man im Dorf schon das Ballern der Artellerie hören konnte, hatten es natürlich einige örtliche Nazibonzen ziemlich eilig, sich Richtung Westen in Sicherheit zu bringen. Der Rest der Bevölkerung richtete sich einstweilen in den Kellern, die etwas abseits der Ortschaft gelegen sind, soweit es möglich war, häuslich ein. Meine Großmutter, die auch noch rasch die Wertgegenstände der Familie im Gemüsegarten vergraben hatte, musste natürlich täglich zweimal nach Hause, um die Tiere zu füttern und die Kühe und Ziegen zu melken.

Die Angst der Menschen im Keller steigerte sich mit den lauter werdenden Detonationen und bald war es dann so weit, dass russische Soldaten in die Keller stürmten und sie nach deutschen Landsern durchsuchten. Großteils handelte es sich um dunkelhäutige Typen, also Angehörige von Minderheiten wie Mongolen, Tschetschenen oder Tataren. An deren Gesichtern war zu erkennen, dass ihre Angst genau so groß war wie die der Leute im Keller.

Diese Kellerstürmungen wiederholten sich anfangs in kürzeren, später dann in längeren Abständen. Erst als dann längere

Zeit nichts passierte, wagten sich die Menschen wieder ins Freie, allerdings immer darauf bedacht, schnell wieder hinein zu gelangen, bis man annehmen konnte, dass von den russischen Soldaten nun keine gegen sie gerichteten Aktionen zu erwarten waren.

Die Leute vor den Kellern sahen dann auch, wie eine von russischen Soldaten eskortierte Gruppe gefangener deutscher Landser vorbeizog, und hörten bald darauf das Geknatter von Maschinengewehren. Man hatte sie alle in einem nahe gelegenen Hohlweg erschossen.

Die Front war nun zwar vorbei gezogen, der Krieg jedoch noch nicht zu Ende.

Schließlich kam einen Monat danach das ersehnte Kriegsende und eigentlich sollte nun Frieden ins Land einziehen.

Doch für die Bewohner im Osten des Landes änderte sich nur, dass sie nun von den russischen Besatzungstruppen und nicht mehr von den Nazis schikaniert wurden. Dazu kam, dass Höflein eine Weinbaugemeinde ist und der Wein bei den Gelagen der Russen in Strömen floss. Danach hatten sie sich nicht mehr unter Kontrolle und ballerten mit ihren Waffen wild umher, wobei sie einige Leute erschossen. Die Gemeindeführung verordnete deshalb, dass alle Weinfässer zu entleeren seien, um diesen Wahnsinn zu stoppen.

Doch es wurde nicht nur im Rausch wild herum geschossen. Es gab auch noch so manche Rechnung zu begleichen. Eine von den Deutschen verschleppte polnische Zwangsarbeiterin ließ einige Bauern, bei denen sie arbeiten musste und von denen sie sich schlecht behandelt fühlte, von den Russen erschießen.

Die Besatzer plünderten, wo sie nur konnten. Den Bauern stahlen sie die noch im Stall befindlichen Pferde, Kühe und Ziegen, die sie dann mit Hilfe zwangsrekrutierter Dorfbewohner wegtrieben. So mancher kam erst Jahre später wieder aus Russland zurück, als man, so wie vorher die Polen und Ukrainer von den Deutschen, nun von den Russen zur Zwangsarbeit verpflichtet wurde.

Die Arbeit in der Landwirtschaft war nun beschwerlicher als je zuvor. Die Pferde und Kühe, die man zur Feldarbeit und zur Milchgewinnung benötigt hätte, waren weg und Ersatz vorerst nicht zu finden. Zum Glück gab es noch vereinzelt Ziegen und Hühner, die man vor den Besatzern verstecken konnte, um sich wenigstens mit Milch und Eiern ernähren zu können.

Mein Großvater erlebte das Kriegsende in Tschechien. Die Übergriffe der dortigen Bevölkerung auf die deutschen Soldaten waren derart brutal, dass, wenn sie die russischen Soldaten nicht geschützt hätten, der Rückzug wohl nicht zu überleben gewesen wäre.

Er hatte Glück, dass er nach kurzer Gefangenschaft, bei der er in einer Wiener Fabrik arbeitete, nach Hause kam. So mancher musste fast zehn Jahre auf seine Befreiung warten und dazu noch froh sein, diese Schikanen überlebt zu haben. Das alles in einer Zeit, in der schon längst die Friedensabkommen geschlossen waren.

Als sich die Bevölkerung schon damit abgefunden hatte, nie wieder in Freiheit zu leben, geschah das schier Unmögliche. Die österreichische Regierung hatte es geschafft, die Russen zum Abzug aus Österreich zu bewegen.

Die Worte von Außenminister Figl „Österreich ist frei", welche die Menschen im Radio hörten, glaubten sie dann erst Monate später, als tatsächlich der letzte Russe Österreich verlassen hatte.

Das war am 26. Oktober 1955. Erst ab diesem Zeitpunkt war ein Leben in Frieden und Freiheit möglich. Deshalb wurde dieser Tag dann auch zum österreichischen Nationalfeiertag gekürt.

Helene Levar

Gebet zum Schutzengel

Bleib bei mir, bis sich des Tages Last zu Ende neigt,
Und die Hektik langer Stunden schweigt.

Bleib bei mir, bis all der Lärm verklingt,
Und die Nachtigall ihr Liedchen singt.

Bleib bei mir, bis alles dunkel wird,
Und die Nacht die ruhige Zeit gebiert.

Bleib bei mir, wenn meine Hast zu Ende geht,
Und der gute Mond am Himmel steht.

Bleib bei mir, wenn schöne Träume kommen,
Durch die ich neue Kraft gewonnen.

Bleib bei mir, wenn die Erinnerung mich quält,
Sage mir, dass nur das Heute zählt.

Steh mir bei, wenn dann die Todesglocke läutet,
Was ew'gen Frieden wohl bedeutet.

Geh mit mir und gib mir Deine Hand,
bei der Reise ins jenseitige Land

Hans Otto Lindenbüchel

Ein Traum schenkt Seelenfrieden

Vor dem Einschlafen dachte ich noch traurig und wehmütig an unseren kleinen, fröhlichen Hund Ciari.

Vor zwei Wochen war er in der Wolfsthaler Au von einem großen, freilaufenden Hund totgebissen worden.

Dann fiel ich in tiefen Schlaf.

Im Traum sah ich meine lieben Eltern und Schwiegereltern und Tante Siegtraut in einem Halbkreis ruhig sitzen.

Um die Gruppe herum wölbte sich ein hellblauer Himmel – nein, ein weiter, wehender Mantel – und als mein Blick nach oben wanderte, erkannte ich, dass es eine strahlende Schutzmantel-Madonna war, die meine lieben Verstorbenen behütete.

Der Mantel wehte zu, und als nur noch ein kleiner Spalt offen war, hüpfte vergnügt bellend unser kleiner Ciari hinein.

Als ich am Morgen aufwachte, liefen mir Tränen über die Wangen. Helene streichelte sie weg und fragte nach dem Grund.

Da erzählte ich ihr meinen berührenden Traum. – Dann musste ich schmunzeln. War nicht der Heilige Franziskus für die Tiere zuständig?

Nun, so streng ist es mit den Kompetenzverteilungen im Himmel anscheinend nicht.

Wenn es die gleichen bürokratischen Hürden wie auf Erden gäbe, wäre ja der Name Paradies unangebracht!

Zwar habe ich mit ausgezeichnetem Erfolg den Theologischen Kurs der Erzdiözese Wien absolviert, aber die Frage, ob es für Tiere auch einen Himmel gibt, wurde dort weder gestellt noch beantwortet.

Wie auch immer – mich beruhigte, dass Ciari unter dem Motto „Frechheit siegt" sich einen Spezialplatz in seligen Gefilden erobert hatte, und mag es auch absurd klingen – dieser Traum hat mich getröstet!

(Traum vom 15. Mai 2018)

Erika Lugschitz

Sehnsucht nach Frieden

Mit der Familie ein schönes Zuhause schaffen –
es genießen, Land bebauen und ernten.
Mit der Natur im Einklang leben –
sie schützen – nicht ausnützen.
Unsere Kinder in eine sichere Zukunft führen.
Ein Wissen, dass alle Menschen geregelte Arbeit hätten
und in Freiheit leben könnten, wäre sehr beglückend!
Das Leben – leben –
nicht gegeneinander –
sondern miteinander.
Einen Dialog finden für den Frieden –
nicht allein –
gemeinsam –
sich Hand in Hand
weiter bewegen
im dritten Jahrtausend …

Erika Lugschitz

Das Kloster des Friedensregenten

Vor vielen, vielen Jahrhunderten stand Markgraf Leopold III.
mit seiner Gemahlin Agnes am Söller seiner neuen Burg auf dem
kahlen Berg – dem heutigen Leopoldsberg. Die beiden genossen
den schönen Blick über den dichten Wald zur Donau hinunter.
Da es sehr windig war, wollte die Gräfin ihren Schleier fester
binden. Ein Windstoß wehte ihn ihr aus den Händen, trug ihn
weit über das Land und ließ ihn irgendwo im Dickicht des Wie-
nerwaldes wieder herabsinken. Der Sage nach handelte es sich
um ihren Brautschleier. Die Gräfin war darüber sehr betrübt, da
sie den Verlust des Schleiers als schlechtes Omen wertete.

Um sie zu beruhigen, schickte der Markgraf seine Jäger los,
den Schleier zu suchen. Und da Leopold sah, wie traurig seine
Agnes war, legte er ein Gelübde ab. Er gelobte, sobald sich der
Schleier wieder fände, ein Kloster zu stiften. Doch der Schleier
blieb verschwunden.

Leopold und Agnes beschlossen nun mit dem Klosterbau sogleich zu beginnen, und nicht zu warten, bis der Schleier gefunden wurde. Ganze acht Jahre konnten sie sich jedoch über einen
geeigneten Standort nicht einigen.

Während einer Jagd im Wienerwald, kaum eine Stunde von
seiner Burg entfernt, sah der Graf auf einem Holunderbusch etwas
Weißes flattern. Es war der Brautschleier seiner geliebten Agnes.

Obwohl der Schleier acht Jahre lang jedem Wetter ausgesetzt
auf dem Holunderbusch hing, fand ihn Leopold unversehrt wie-

der – es war wie ein Wunder. So wählten Agnes und Leopold nun den Bauort des Klosters an der Stelle, wo man den Schleier gefunden hatte. Man nannte das Kloster nach der neuen Burg des Markgrafen Klosterneuburg. Der unversehrte Brautschleier der Gräfin wird heute noch in einer gläsernen Vitrine im Kloster aufbewahrt.

Leopold III. (1073 - 1136) aus dem Geschlecht der Babenberger ging politischen Konflikten konsequent aus dem Wege. In seiner Zeit wurden Hainburg, Krems, Tulln und Wien landesfürstlich und die weiteren Stifte, Heiligenkreuz und Klein-Mariazell, gegründet.

Knapp zwei Jahrhunderte nach seiner Heiligsprechung wurde Leopold 1663 zum Landespatron von Österreich im Allgemeinen sowie von Wien, Niederösterreich und Oberösterreich im Besonderen. Sein Festtag ist der 15. November, der auch Jahrhunderte später in Klosterneuburg feierlich begangen wird.

Wesentlich im Leben des heiligen Leopold waren Familie, Heimat, sein christlicher Glaube, der Friede und das Menschsein.

Menschsein ist auch in der heutigen Zeit die wichtigste Grundlage eines friedlichen Zusammenlebens aller Völker.

Erwin Matl

Frieden für die Welt

Gott und Vater aller Menschen,
wir kommen zu Dir
in unserer Not und Sorge um eine Welt,
die im Kleinen und erst recht im Großen
aus dem Lot zu geraten droht.

Du kennst alle Politiker,
die Einfluss haben und Gewalt ausüben,
alle Machthaber, die zu den Waffen greifen,
alle Menschen, die keine Ehrfurcht haben
vor dem Leben und dem Gewissen ihrer Mitmenschen.
Du kennst auch alle in Not geratenen Menschen
 bei uns und anderswo,
alle in Unfrieden lebenden Familien
und Lebensgemeinschaften,
alle leidenden
und traurigen Menschen.

Du kennst auch uns selbst,
die wir oftmals ohne Glaube,
Liebe und Hoffnung sind,
hilflos
gegenüber jeglicher Bedrohung unserer Welt.

Gott und Vater aller Menschen,
segne alle Menschen, und bewahre uns selbst immer
in Deiner Gnade, damit wir das kostbare Geschenk,
Deinen göttlichen Frieden,
annehmen können,
der uns stets den Mut und die Kraft gibt
zum Frieden mit allen Menschen.

In letzter Sekunde

Behutsam bewegte ich mich durchs Dickicht
schob leise dichte Laubzweige zur Seite
um einen besseren Blick
über das steil abfallende Gelände zu bekommen
ohne von den Gegnern gesehen zu werden.
Schweißperlen tropften von meiner Stirn
ich versuchte meine Angst zu verbergen
doch sie verfolgte mich Schritt für Schritt.
Eben hatte ich noch meinen Kameraden getröstet
nun konnte ich ihn nirgendwo mehr sehen.
Wir hatten uns bisher gut durchgewurschtelt
durch lichte und auch dichtere Waldabschnitte
eine gute Tarnung ist eben viel wert!

Ich musste tief Luft holen unter meinem
aus Holunderstauden gebastelten Tarnhemd.
Und das war eindeutig zu viel gewesen
ich wurde von einem Gegner
auf der anderen Seite des Hanges erkannt.
Bei absoluter Windstille
dürfen sich Waldblätter einfach nicht bewegen.
„Das war´s dann!" waren meine Gedanken
alle weiteren Zukunftspläne schwanden
hatten im Kampf ums Überleben keinen Platz mehr.
Kurz schaute ich auf
und begann zu laufen, zu rennen.
Hinunter ins Tal, in Richtung meines Gegners
musste ich gelangen, und zwar schneller,

als es mein Gegenüber zusammenbringen würde.
Dort unten schlängelte sich ein kleiner Bach entlang
und genau zwischen mir und meinem Gegner lag er
mein Platz des Überlebens
in Form einer kleinen Brücke,
die gelb markiert gewesen war.
Mit letztem Einsatz
hatte ich es geschafft,
als Erster auf die Brücke zu kommen,
ich berührte die gelbe Markierung
und schrie laut: „Leo!"

Auch an diesem Tag
war ich beim von mir geliebten
„Räuber-und-Gendarm-Spiel"
der Exekutive entkommen
und setzte mich friedlich
und entspannt auf der Brücke nieder.

Give peace a chance

Direktor Stressfrei der Internationalen Schule kam, wie so oft, wenn es ihm in seiner engen Direktion zu einsam wurde, ins Lehrerzimmer hinein, setzte sich und begann ein Gespräch mit einer jener Lehrpersonen, die ein Fenster in ihrem Stundenplan hatten.

„Ich habe mir jetzt eure Vorschläge für das Schulfest genauer durch den Kopf gehen lassen", sagte der Direktor in bedächtiger Wortfolge, „habe aber eigentlich noch keinen eindeutigen Favoriten!"

„Ich schon!", meinte Kollegin Alles-Perfekt und schwärmte über das geplante Lied-Medley des Schulchors unter dem verheißungsvollen Gesamttitel „Give peace a chance", geliehen von John Lennon. „Ich durfte bei den Proben der Frau Kollegin Lerche mithören, und ich sage Ihnen: Einfach perfekt, einfach wunderbar, ein Qualitätszeichen für unsere Schule!"

„Ja, ja, von der Qualität her bürgt die Lerche für gesangliche Meisterleistungen! Ich war ja auch bei einer Probe dabei, und gerade deshalb bin ich von diesen Darbietungen nicht überzeugt!"

„Wie das, Herr Direktor? Ich verstehe Sie nicht!", meinte Frau Alles-Perfekt.

„Nun, das Medley ist wirklich stimmig gewählt, der Gesang großartig, aber dahinter stecken Jugendliche, die von unserer Kollegin zu dieser Friedensbotschaft mehr oder weniger gezwungen wurden!"

Da unterbrach lauter Gang-Lärm, mitten in der Schulstunde, den Unterricht.

„Ich pack es nimmer! Nein, das lass ich mir nicht gefallen, ich möchte mit dem Direktor sprechen!", hörte man nun die aufgeregte, immer lauter am Gang tönende, in der Direktion bekannte Schülerin Immer-Ich mit Migrationshintergrund.

Direktor Stressfrei, sein Leitspruch war „Nur kein Stress!", ließ sich daraufhin von dem türkischstämmigen Mädchen Immer-Ich und seiner österreichischen Widersacherin Ich-bin-Unschuldig den Vorgang in der Turnstunde näher erklären. Als die Ich-bin-Unschuldig bei den Bodenübungen die Immer-Ich wiederholt schubste, setzte es beim x-ten Mal eine Ohrfeige von dieser.

Nun stellte die Lehrerin, Frau Turnschuh, die türkische Schülerin zur Rede, doch diese meinte bloß: „Sie haben hier gar nichts mitbekommen! Eine halbe Stunde werd´ ich geärgert, und Sie sehen einfach nichts!"

Direktor Stressfrei setze beide Mädchen, wie er es bei solchen Vorfällen meist machte, vor die Direktion und ließ beide einen Aufsatz schreiben: „Wie ich diesen Streit hätte verhindern können!"

Danach besprach er mit den beiden Mädchen sehr ausführlich deren Lösungsvorschläge. Genau diese Stunden in der Direktion liebte das türkische Mädchen, denn sie hörte fast nie auf österreichische Lehrerinnen, sehr wohl aber auf den Direktor und auf einige männliche Lehrkräfte.

Direktor Stressfrei stand am Ende des Gesprächs auf und meinte bedächtig, aber mit fester Stimme: „Siehst Du, wenn

Du mich als korrekte Autoritäts-Person siehst, dann denke Dir, bevor Du das nächste Mal gegenüber einer Lehrerin aggressiv wirst, was ich wohl in dieser Situation sagen würde, und versuche zumindest, Dich etwas zurück zu nehmen! Das ist mein heutiger Auftrag an Dich!"

Während er sich schon die Pausen-Zigarette herrichtete, kam ihm ein Einfall, und er sagte zu den beiden Mädchen: „Aber bleibt bis zum Beginn der kommenden Stunde vor der Direktion, ich will Euch noch etwas vorschlagen …"

Gespannt warteten die Mädchen, was ihnen ihr Direktor noch zu sagen hätte, und waren dabei sehr froh darüber, dass sie nun auch Teile der zweiten Mathematik-Stunde versäumen würden.

Nachdem Direktor Stressfrei in der Raucher-Ecke mit Kollegin Lerche alles geklärt hatte, konnte er den beiden Mädchen seine eben entstandene Idee unterbreiten.

„Wenn Ihr wollt, dann könnt Ihr am Beginn des Schulschlussfestes, und zwar vor und zwischen dem Friedenslied-Medley, zwei Sketch-Einlagen spielen! Das Programm fängt einfach mit Eurem Streit an, dann hören wir den ersten Teil der Lieder, danach folgt Eure Streit-Lösung, so wie Ihr diese heute im Aufsatz beschrieben habt. Ich würde mit Euch jeden noch verbleibenden Mittwoch die Sketche hier in der Direktion proben. – Wollt Ihr beim Schlussfest mitspielen?"

Und ob die beiden mitspielen wollten!

Freudig machten beide einen Luftsprung, und das türkische Mädchen umarmte zunächst ganz ungeniert Direktor Stressfrei und danach ihre österreichische Mitschülerin.

Als der Tag des Schlussfestes kam, waren Immer-Ich und Ich-bin-Unschuldig längst beste Freundinnen geworden, und Frau Kollegin Alles-Perfekt mit dem gesamten Lehrkörper, sowie viele Schülerinnen und Schüler applaudierten besonders kräftig bei den beiden interessanten Sketch-Einlagen und etwas gedämpfter nach den perfekt einstudierten schwungvollen Liedern.

Give peace a chance!

Hanna Oppelmayer

Wie die Friedenstaube zu ihrem Namen kam

Einst lebte eine kleine Taube. Sie war noch jung, – gerade erst dabei, richtig fliegen zu lernen. Da sie noch nicht erfahren genug war, um sich selbst Nahrung zu besorgen, flog ihre Mutter jeden Morgen aus, um für ihren Nachwuchs Futter zu holen. Zu dieser Zeit, – wenn ihre Mutter unterwegs war und die kleine Taube ganz allein in dem großen Nest wartete, – langweilte sie sich schrecklich.

Eines Morgens, als ihre Mutter abermals fortflog, beschloss die kleine Taube, selbst einen Ausflug zu unternehmen. Etwas unsicher stellte sie sich auf den Rand des Nestes. Mutig stieß sie sich in die Luft und flatterte hastig mit den Flügeln! Sie flog! Schnell fand sie Gefallen an der neu gewonnenen Freiheit und wagte sich etwas weiter vom Nestplatz weg.

Bald kam sie zu einer Lichtung und ließ sich erschöpft auf einem dicken Ast nieder. Außer Atem rastete sie ihre müden Flügel aus. Während sie versuchte, wieder zu Kräften zu kommen, ließ sie ihren Blick umherschweifen. Unzählige Sträucher mit saftigsten Brombeeren säumten die Wiese vor ihr.

Plötzlich hörte die kleine Taube ein Geräusch. In ihrem Geäst vernahm sie zwei aufgeregte Stimmen; es hörte sich an, als würde jemand streiten. Die Taube schaute sich um. Unter ihr umkreisten einander ein Wolf und ein Fuchs; beide mit gesenktem Kopf und aufgestelltem Nackenhaar.

„Verschwinde, Wolf!", fauchte der Fuchs.

„Ich? Verschwinden? Niemals!", gab der Wolf zurück. Er fletschte die Zähne. „Besser du haust jetzt ab, Fuchs, und überlässt mir die Brombeersträucher!"

„Kommt nicht in Frage! Ich habe hungrige Kinder, die zuhause auf mich warten. Nicht jeden Tag erwische ich ein Kaninchen. Wir brauchen die Beeren. Also los jetzt, verschwinde!", knurrte der Fuchs.

„Denkst du, meine Kinder haben keinen Hunger?" Das Fell des Wolfes sträubte sich noch mehr. „Ich zähle bis drei. Wenn du dann nicht über alle Berge bist, wird jemand anderes Futter für deine Jungen suchen müssen. Eins … Zwei …"

„Stopp!", gurrte die Taube. „Hört auf zu streiten!"

Der Wolf, welcher gerade zum Sprung ansetzen wollte, hielt mitten in der Bewegung inne. Auch der Fuchs blickte verdutzt nach oben in den Baum.

Nach einem Moment der Verwunderung fing der Wolf an zu lachen. „Warum sollten wir uns von einem kleinen Geschöpf wie dir überhaupt was sagen lassen? Pass lieber auf, sonst serviere ich meinen Kindern heute Taubenbraten."

Der Wolf schnappte nach dem Vogel, doch die Taube war schneller.

In der Luft flatternd, gurrte sie: „Denkt doch mal nach! Ihr habt beide hungrige Kinder, die auf euch angewiesen sind, um zu überleben. Auch ich brauche noch meine Mutter, um täglich Futter zu bekommen. Gerade jetzt ist sie unterwegs, um Nahrung zu besorgen. Hätte ich sie nicht, würde ich verhungern. Also anstatt hier sinnlos herumzustreiten, geht nach Hause und versorgt eure Kinder. Es sind genug Brombeeren für alle da, die ganze Lichtung ist voll davon."

Die Worte der Taube gaben dem Wolf und dem Fuchs zu denken.

„Hm! Ich schätze du könntest schon ein paar Büsche haben", sagte der Wolf an den Fuchs gewandt.

Dieser antwortete: „Wenn du die linke Reihe nimmst und ich die Büsche an der rechten Seite, hätte jeder genug Beeren für seine Familie."

„Dann machen wir es so!", stimmte der Wolf zu.

Nun wandten sich beide der Taube zu. „Danke, kleine Taube!", sprach der Wolf. „Dank dir herrscht nun endlich Friede zwischen den Wölfen und den Füchsen! Jahrzehnte lang waren wir im Streit."

„Du hast uns den Frieden gebracht, Taube!", sagte der Fuchs. „Ab jetzt bist du unsere Friedenstaube!"

Seitdem teilen sich die Wölfe und die Füchse die Brombeeren im Wald, und keines ihrer Jungen muss mehr hungern.

Dies ist die Geschichte, wie die Friedenstaube zu ihrem Namen kam.

Vadim Osipov

Frieden und Krieg
(Essay)

Die Welt ist grausam. Sie befindet sich in einem ständigen dynamischen Gleichgewicht. Einfach gesagt, das Eine taucht darin auf, das Andere verschwindet, und diese beiden Prozesse sind miteinander verbunden. Das heißt, das Eine geht auf Kosten des Anderen. Alle paar hundert Millionen Jahre bleibt aufgrund der Bewegung der Lithosphärenplatten praktisch nichts auf der Oberfläche des Planeten Erde erhalten: Die Oberflächenkruste sinkt in den Erdmantel und wird wieder geschmolzen. Ältere geologische Formationen sind die seltenste Ausnahme.

Und dabei existiert das Leben schon sehr lange, Milliarden von Jahren. Wie reproduziert sich das Leben? Aufgrund der Verwendung des genetischen Codes und der kontinuierlichen Energiezufuhr, während dessen es sich durch die Nahrungsketten bewegt. Winzige Kleinkrebse ernähren sich von Meeresplankton, Kleinkrebse werden von riesigen Walen geschluckt. Der tote Wal wird von Meeresnekrophagen gefressen. Das Gras ernährt sich von der Energie der Sonne, das Gras wird von Schafen angeknabbert, der Wolf kommt angerannt und frisst die Schafe. Einen umgestürzten alten Baum überfallen Kleintiere, Insekten, Mikroorganismen, die dann auch von verschiedenen Raubtieren gefressen werden. Und so weiter…

Der moderne Mensch ist Allesfresser. Bis auf wenige Ausnahmen (z. B. Veganer) gelangt er an die unterschiedlichsten Nahrungsketten. Er bekommt nützliche Mikroorganismen (Kefir), Pflanzen mit ihren Früchten, Fleisch verschiedener Tiere, darunter des erwähnten Wals, und Fische. Und sogar Insekten mit ihrem Honig. Außerdem ist er in der Lage, reine Chemikalien zu verzehren, die in der Natur nicht so leicht zu finden sind: Ethylalkohol, Essig, Natriumchlorid (ja, das ist Salz auf unseren Tischen).

So hat er sich gut eingelebt und könnte bei fast allen Bedingungen Energie holen. Und der genetische Apparat half ihm, sich zu entwickeln, ein Sapiens zu werden, eine Zivilisation, Technologie, Wissenschaft, Kunst, Literatur zu schaffen ... Wenn man nur leben und leben könnte!

Aber nein, fast die gesamte bekannte Geschichte der Menschheit ist die Geschichte der Kriege. Man nehme ein beliebiges Geschichtsbuch – Eroberungen, Schlachten, Entstehung und Niedergang von Staaten, Imperien, Völkern. Die Ruinen schöner Städte, die zu Ziegeln und Steinen zerfallen sind, keineswegs als Folge natürlichen Verfalls.

Es wird manchmal gesagt, dass der Krieg der größte Fortschrittsmotor ist. Dass der Wunsch, einen Sieg über den Feind zu erfechten, der beste Erfinder ist. Und Friedenszeiten bekommen nur Krümel vom Militärtisch.

Das ist eine Schelmerei. Die Autoren der größten Erfindungen haben überhaupt nicht an deren militärische Anwendung gedacht. Das Kriegsmonster legte darauf schnell seine Hand. Hinzu kommt, dass die rein militärischen Errungenschaften des menschlichen Denkens nicht auf Schöpfung, sondern auf Mord, Zerstörung und Vernichtung abzielen. Besser natürlich massenweise.

Ein Mensch braucht sich nicht irgendwo entlang der Nahrungsketten zu bewegen, er steht ganz oben. Dafür hat er es im

Kampf um Territorien und Ressourcen auf globaler Ebene weit gebracht. Seine Vorfahren sind in Rudeln organisierte Tiere mit einer hierarchischen Struktur. Das Alpha-Männchen schläft mit seinem Alpha-Weibchen und denkt gleichzeitig daran, wie es Nachbarn auf seinem Territorium nicht zulässt und, noch besser, ihnen die Stellen wegnimmt, wo die Bananen süßer und größer sind. Und ihre Weibchen könnten noch mehr Babys zeugen, „unsere" zukünftigen Babys. Ihre Männchen aber bräuchte man überhaupt nicht.

In der modernen Version kann ein solches Verhalten die Menschheit sehr schnell zur völligen Selbstzerstörung führen. Denn die Versuchung ist groß, dem Gegner global einen Schlag zu versetzen. Lass das feindliche Rudel ein für alle Mal vernichtet sein! Wissenschaftler warnen aber davor, dass der Planet danach einfach ungeeignet fürs Leben, auch unseres Rudels, sein wird ... aber wer wird ihnen zuhören? Die Versuchung ist groß!

Und was tun?

Der einzige Weg, dem Instinkt der Eroberung und Zerstörung zu widerstehen, ist gerade der Verstand, der uns von Tieren unterscheidet. Der Verstand, der Stopp sagen kann. Lasst uns in Frieden leben. Lasst uns bauen und wachsen. Lasst uns die Hungrigen ernähren. Wir entwurzeln die Krankheiten. Wir fliegen zu den Sternen (ohne Bomben an Bord). Wir füllen die Bibliotheken mit Büchern. Wir schnitzen aus Marmor eine wunderschöne Statue. Lassen Musik und Poesie in allen Sprachen erklingen. Und all dies ist nur unter friedlichen Bedingungen möglich, auf keinen Fall im Krieg.

Es ist sehr schwierig und teuer. Der Verstand muss erzogen werden, damit er nicht auf den Weg der Befriedigung grundlegender Instinkte abgleitet und nicht den uralten inneren Affen erwachen lässt. Man müsste mit Erziehung, Bildung und Kultur beginnen. Man müsste riesige Geldsummen nicht in den Krieg, sondern in den Frieden investieren.

Das dynamische Gleichgewicht ist in Richtung Existenz zu verschieben.

Wenn die Menschheit, die sich am Rand des Abgrunds bewegt, auf die Idee einer gemeinsamen Welt kommt, dann hat sie eine Zukunft. Wenn nicht, wird die Zeit sie wie einen alten Kontinent verschlingen und nur spärliche Spuren von jenen hinterlassen, die keine richtige Wahl zwischen Frieden und Krieg treffen konnten, uns eingeschlossen.

Übersetzung: Olga Murzina

Ljubica Perkman

Fremdes Ufer

Längst sind sie geflohen,
weg, bloß weg vom Kugelhagel.
Zittrige Herzen, wie verschreckte Vögel
die Angst, unbeschreibbar groß.
Der Wind trägt ihre Seelen fort,
lässt sie fallen im weichen Sand
an einem fremden Ufer.
Die rettenden Sandkörnchen,
sind dies Zeichen des Glückes
oder Zeichen des Schmerzes...

Ljubica Perkman

Vertrieben

Vertrieben
aus der geliebten Stadt,
gleich gepflückter Blumen.
Alles hat man ihr genommen,
alles, außer ihrer zerbrechlichen Hülle,
alles, außer der wunden Seele,
die nach außen wunderbar
so unbeschadet scheint…
Und nun, im Schatten ihres Lebens,
den tiefen Schmerz
und die Erinnerung bewahrt.

Ljubica Perkman

Freiheit

Ich will keine Millionen
und nicht die Reichtümer der Welt.
Ich brauche nichts außer Brot und Wasser
und ein bisschen Liebe,
wenn die Akazien blühen,
ich will nur Frieden und Freiheit.
Ich will keinen Prunk und nicht Millionen,
aus mir quellen Glück und Jugend,
wozu die Bomben, die den Tod läuten,
nur Brot, Wasser und Freiheit
sind für mich das Glück.

Ljubica Perkman

Der Frieden trügt ...

Die Gipfel des Berges Lipovac berühren den Himmel. Die Sonne leuchtet im Baumwipfel der Kirschblüten.

Das kleine Wäldchen mit dem klangvollen Namen Hrastik scheint, als ob es brennen würde.

Im Westen des Berggipfels ein verlassenes altes Bauernhaus, strahlend, in einem merkwürdigen Glanz.

Die Familie Markovic lebte in Sarajewo. Jedes Jahr im Sommer waren sie voller Vorfreude, denn sie verbrachten ihren Urlaub stets in dem kleinen Dorf namens Bare bei Celinac, in einem Teil des Landes, in dem die Natur noch völlig unberührt zu sein schien.

Vater und Mutter deckten in freudiger Erwartung den Tisch für die heimkehrenden Kinder. Die Freude in dem sonst so stillen Haus war grenzenlos.

Es war ein wundervoller Tag, wolkenlos, sonnig und warm.
Das Wiedersehen mit den Kindern war rührend, denn so lange waren sie voneinander getrennt gewesen.

Der Wunsch, am Ufer des Flusses Vrbanja nach Fischen zu angeln, kaum auszuhalten.

Milovan nahm die Angelrute und ging zum Fluss. Jeder Sog, jede Flussschnelle war für ihn etwas Wunderbares, Unbeschreibliches. Die Kinder suchten ihn und riefen zum Mittagessen. Das Ferkelchen, welches sich schon seit Stunden am Grill drehte, war nahezu fertig. Die Schwiegermutter hatte bereits alles aufgetischt. Pastete, Quark, Schnaps, und was sie sonst noch alles hatte. Der Tisch war reichhaltig gedeckt. Milovan kehrte mit einem Fisch in der Hand zurück. Noch im Laufen warf er den Fisch auf den Tisch und setzte sich zum Essen hin.

Nach dem köstlichen Essen dachte keiner mehr an den Fisch.

Ob sie ihn wohl zum Abendessen in die Pfanne hauen sollten?

Aber nein, der Fisch war viel zu klein und so wollten sie dem Kater eine Freude machen. Rosa, Milovans Frau, warf dem Kater den Fisch vor die Pfoten. Aber der Kater hatte sich Fisch für den heutigen Speiseplan nicht gewünscht, denn der Kater hatte sich den Resten und Knochen des Ferkels mit Wonne gewidmet und war satt und rund, so dass er den Fisch achtlos mit der Pfote beiseite schob. Der Fisch aber glitzerte in der Sonne – es war „Glitzern in Sonnenlicht".

Alle waren satt und träge und ließen es sich bei Kaffee und Gesprächen gut gehen. Die Kinder rannten um das Haus, fingen Hühner, spielten und lachten. Sie alle genossen es, zusammen zu sein.

Der Kater streckte sich faul und schlief unter dem Tisch ein. Im Schlaf vertrieb er lästige Fliegen, die sich aus seinen Barthaaren Krümel des Ferkelchens holen wollten – angelockt von dem Duft des Fleisches.

„Vergessenes – glitzert im Gras,
verborgen zwischen dem Klee,
nur keiner nimmt es mehr wahr,
nicht mal der verschlafene Kater."

Die verspielten Kinder achteten ebenfalls nicht auf den weggeworfenen Fisch, der im warmen Sonnenschein vor sich hin trocknete...

Erst am nächsten Tag näherte sich der Kater wieder dem Fisch, beschnupperte ihn und schubste ihn fort, legte sich dann faul in den Schatten des Kirschbaumes in Erwartung eines Spieles mit den Kindern.

Der Urlaub und die wunderbaren Tage mit den Eltern vergingen viel zu schnell. Alles im Leben geht vorbei, so auch dieser kurze Urlaub. Keiner von ihnen hätte auch nur eine Sekunde daran denken mögen, dass dies vielleicht der letzte gemeinsame Urlaub auf dem Lande sein würde.

Dieser Urlaub war für die Familie Markovic denkwürdig.

Im Herbst verstarb Rosas Vater.

Trauer durchzog das alte, warme Heim. Die Mutter blieb allein zurück. Mit tiefem Seufzen wiederholte sie oft den Namen ihres verstorbenen Mannes. Sie war sich bewusst, dass sie das Opfer ihrer Einsamkeit war. Doch das Leben ging weiter... Das Leid war leichter zu ertragen, wenn es zwei teilten, so aber... Die Besuche der Kinder wurden immer seltener.

Fliederduft lag in der Luft. Aber auch Angst und Zittern. Es war unausweichlich. In Bosnien brodelte es, wie in einem bosnischen Eintopf...

Niemand glaubte den Ängsten, den Nachrichten, den Proklamationen, nicht mal ihren Augen wollten sie trauen, was um sie herum geschah. Niemand glaubte, dass es Krieg geben würde. Wer sollte sich denn mit wem bekriegen? Der Bruder – mit dem Bruder? Der Nachbar – mit dem Nachbarn?

Nein, das ist nicht möglich. Das kann nicht sein...

Die Mutter sagte leise: „Das könnte ein Bruderkrieg werden, ein schmutziger Krieg"... Und genau so geschah es.

Die Hoffnung wurde eine Illusion.

Die Menschen hatten sich selbst getäuscht.

Der Ausbruch des Krieges, der das ganze Land erfasste, war unbeschreiblich! Brutal und schmutzig.

Ein wahrer Bruderkrieg.

Brüder aus gemischten Ehen kämpften gegeneinander.

Der Hass war größer als die Liebe...

Bombenhagel. Das Land erbebte in der Flut der Raketen. Dörfer brannten, Städte wurden vernichtet. Blut wurde vergossen und Menschen starben...

Die Hungersnot trat ein...

Um den größten Hunger zu stillen, riskierten Menschen ihr Leben für ein paar Brennnesseln. Im Kugelhagel der Heckenschützen und Granatwerfer pflückten sie das grüne Unkraut, um eine kleine warme Mahlzeit zu haben.

Die Kriegswirren verschonten keine Familie, keine Nation, sondern trafen alle gleichermaßen hart.

Die Familie Markovic überlebte diesen Krieg, größtenteils in Kellern, ohne Strom, Wasser und Essen. Irgendwie mussten sie es schaffen, trotz der verletzten Kinder.

Es war ein Kampf ums Überleben. Wie die ganze Katastrophe überleben? Es war ein Alptraum der unglücklichen Familie.

Aus Hunger und ohne Kraft fielen viele Menschen ins Koma.

Schnell nahm man an Gewicht ab. Rosas größte Sorge waren ihre verwundeten Kinder. Sie nahm in diesem Monat fünfundzwanzig Kilo ab.

Rosa nahm all ihre Kraft zusammen und lief los, um Essbares aufzutreiben. Sie klopfte an Türen der Hilfsorganisationen, bettelte um ein Stück Brot. Die Vorräte waren oftmals fast aufgebraucht. In Sarajevo ging man nicht, man lief. Man rannte! Man rannte um sein Leben, denn wer zu langsam war, den erwischte ein Heckenschütze oder eine Granate. So wie es ihren Kindern geschehen war. Rosa lief…

Eines Tages zuckte Rosa im Schlaf und rief aus vollem Halse.

Die Familie war aufgeschreckt und versammelte sich um die Mutter, um sie zu beruhigen. Laut rufend verlangte sie nach einem Fisch, „gib mir den Fisch, gib mir den Fisch"…

Die Kinder schaffen es, die Mutter aus dem Schlaf zu holen und den Traum zu unterbrechen. Als sie zu sich kam, fragten sie, was denn gewesen sei und warum sie so laut geschrien habe?

„Mama, welchen Fisch verlangst du im Traum? Du weißt doch, Mutter, dass wir hier kein Wasser haben und erst recht auch keinen Fisch!"

Die Mutter lachte und erzählte von ihrem Traum.

Im Traum verspürte sie so großen Hunger und versuchte, dem alten Kater den Fisch aus den Fängen zu entreißen, die er fest geschlossen hielt und nicht öffnete.

Alle lachten, als sie sich an dieses Ereignis erinnerten. Niemand wollte damals den Fisch essen, nicht einmal der Kater...

Rosa musste an ihre alte Mutter denken und hoffte, dass diese noch leben und den Krieg überstehen werde. Alle Wege zur Außenwelt waren abgebrochen. Hilfe kam nicht...

Viele Menschen dachten an Rosa und ihre Familie. Doch helfen konnte niemand, denn niemand konnte in die besetzte und abgeriegelte Stadt auch nur ein winziges Sandkorn durchbringen. Geschweige denn Nahrung oder Medikamente...

(Übersetzungen aller Texte von Ljubica Perkman: Ana Hesse)

Viviane de Santana Paulo

Die kaputten Fahrräder

In diesen Zeiten
gibt es Leute, die den Keller aufräumen,
Konserven in den Regalen lagern,
falls der Krieg nach Berlin kommt.
Mein Keller ist ein Chaos,
und da befinden sich nur Spielzeug, Bücher
und drei kaputte Fahrräder!
Ich weiß nicht, wie ich eine Person sein soll,
die auf den Krieg vorbereitet ist,
und ich glaube nicht,
dass ich es jemals sein werde.

In meiner Heimat sind Kriege getarnt, subtil, unterschwellig,
und der Feind sind die Favelados, die Schwarzen, die Armen.

Der Krieg in meinem Heimatland verwendet weder Panzer
noch Kampfflugzeuge, noch wirft er Bomben ab.
Er verwendet nur Sonderwagen und Maschinengewehre,
und er tötet Dutzende und Aberdutzende.

Der Krieg in meinem Heimatland
wird nicht als Krieg bezeichnet,
sondern als Operation gegen das organisierte Verbrechen.
Und spielende Kinder vor der Haustür – sterben.
Teenager, die zur Schule gehen – sterben.
Junge Menschen, die von der Arbeit zurückkehren – sterben.
Und die Menschen haben keinen Keller,
um sich vor Angreifern zu schützen.

Und sie haben nicht das Geld, um viele Konserven zu kaufen,
um sie ein oder zwei Monate zu lagern.
Und die Häuser, in denen sie leben,
sind zerbrechlich wie alles, was ihr Leben betrifft.
Ihre Häuser brauchen keine Bomben, um zerstört zu werden.
Es reicht ein stärkerer Regen oder einfach der Zahn der Zeit.
Oder das wenige Geld reicht nicht aus, um an einen anderen Ort,
in eine andere Stadt zu ziehen,
mit nur dem Nötigsten bei sich.

Ein Flüchtling ohne Zuflucht.

Ein Krieg in Europa ist anders,
hier organisieren sich die Menschen,
helfen sich gegenseitig, solidarisieren sich mit den Opfern.

In meiner Heimat solidarisieren sich nur wenige
mit den Opfern,
die meisten ignorieren sie.

Ich weiß nicht, wie ich eine Person sein soll,
die jetzt auf einen Krieg vorbereitet ist,
oder auf irgendeinen Krieg.

Ich glaube, Spielzeug kann von Nutzen sein,
wenn Bomben auf unsere Köpfe fallen.
Bücher sind eine Art Nahrung,
und ich werde mich nicht von ihnen trennen.
Und die kaputten Fahrräder …

In der Tat, die kaputten Fahrräder würden nur dazu dienen,
dass ich es vermisse, mit meinem Fahrrad

durch die Straßen ohne Bomben, ohne Zerstörung, ohne Tote,
durch die friedlichen Straßen der Zivilisation zu fahren!

Aber wenn uns die Bomben auf den Kopf fallen
und wir Stunden, vielleicht Tage geschützt im Keller verbringen
müssen,
ist kein Platz für Fahrräder,
nur für Sehnsucht.

Tatsächlich, wenn Bomben fallen,
nimmt die Sehnsucht allen Raum ein
in unseren Köpfen.

Viviane de Santana Paulo

Das Dilemma eines Engels

die Falten der Welt vertiefen die Zweifel
wir machen Fortschritte mit der Technologie
und folgen mit Schildkrötenschritten dem Weg des Friedens
und der sozialen Gerechtigkeit
irgendwo auf dem Planeten gibt es immer einen Krieg
und wir machen uns vor, er sei nicht in unserer Nähe

ich müsste fest auf das Meer blicken
und nicht auf die Zeitung, müsste meine Augen
in seinem Blau und Wellengang schwimmen lassen
ich müsste die Wäsche auf der Leine Wäsche sein lassen,
während ein warmer Wind weht
und den Geräuschen der Insekten in der Trägheit
des Nachmittages lauschen

was ich zu sagen habe?

das Beste vom Tag heute, ein kurzer Regen ausgenommen,
der den Staub von den Wänden wusch, war es,
ein Gedicht von Tanikawa Shuntaro zu lesen
einer Zeichnung von Paul Klee gewidmet,
das so etwas sagte wie

ein Engel, der von einer zweiten Welt neben dieser hier kam,
schleppte sich durch die Jahrhunderte und war so dünn, so dürr
wie ein Strich, er musste fliegen, weil seine Flügel
ein Geschenk des Menschen waren, er musste fliegen,
genauso wie eine Drosophila, die nur einen Tag lebt,

und er lechzte nach einem winzigen Tropfen der Freude
wie nach Wasser

was ich dazu zu sagen habe?
ich, die ich nicht mal Flügel habe!

Marina Schabajewa

Wie ich …?

Druckt man heute noch Fotos aus? Tja. Ich tue das noch manchmal. Aber auch nur manchmal. Es sind einfach viel zu viele Bilder. Auch vor zwanzig Jahren, vor der Digitalisierungsära, hat man viele Bilder geschossen und dann Unmengen an Fotos ausdrucken lassen. Aber auch das war ein verhältnismäßig sparsamer Umgang mit der Bilderproduktion.

In meiner Familie, wie vermutlich in jeder anderen, gibt es ein großes Album mit alten Fotos. Auch in ein sehr voluminöses Album würden nicht alle Familienbilder reinpassen, deshalb ist das Fotoarchiv noch in etliche Tüten verteilt, die allerdings nur so wenig und klein erscheinen, wenn man bedenkt, dass da weit mehr als ein Jahrhundert Familiengeschichte aufbewahrt wird.

Die alten Fotos kann ich in der Hand halten. Sind sie etwa gegenständlicher so? Etwas, was ich berühren kann, ist auch etwas, was mich berührt. Ich habe mich auf den Fußboden gekauert und sitze mitten unter ungeordnet verbreiteten Papierteilen.

*****

Auf Augenhöhe.

Meine Nichte heißt Anna, sie ist fünf und ist neugierig, wie wohl alle fünfjährigen Kinder. Weil ich eines der Fotos länger in der Hand halte und schweige – mich in das Bild vergessend – beobachtet sie mich eine Weile lang aus dem Augenwinkel und gibt schließlich ihrer Neugier nach. Langsam, wie vortastend macht sie einige Schritte in meine Richtung und setzt sich neben mich hin. Man kauert sich oft hin, wenn man mit einem Kind redet. Dann ist man nämlich auf Augenhöhe. Jetzt sind wir auf Augenhöhe – ich und das Mädchen, das nicht nur mit mir, sondern auch mit dem offenen Blick von dem Foto auf Augenhöhe ist: die Augen von dem Bild schauen dem Betrachter ja direkt in die Augen.

— Wer ist das? – fragt die Kleine.

Meine Großmutter. Oma Anja. – antworte ich kurz und wie auswendig, was ich, auch mitten in der Nacht aus dem Schlaf gerissen, immer parat hätte. – Meine Oma Anja.

— Wie ich? … Anja? Wie i-ich? …

Jetzt weiß ich auf einmal ganz genau, was „aufrichtig" heißt. Das lehrt mich diese Verwunderung der Kleinen, die plötzlich eine Brücke in meine Kindheit schlägt. Und mir wird dabei warm ums Herz.

Die Oma hatten wir nie beim Namen genannt. Sie hieß einfach nur Oma – Babuschka. Vielleicht aus dem schlichten Grund: weil sie die einzige Großmutter in der Familie war, weil sie an sich eine Singularität war. – Babuschka.

Ich kann mich nicht erinnern, dass wir uns je über ernste Themen unterhalten hatten, … dass wir überhaupt je lange miteinander gesprochen hätten. Sie war einfach nur immer da. Eine kleine Frau, eine leise Frau, die nie viel geredet hatte, die aber allein durch ihre Anwesenheit die Wogen glättete, indem sie einfach da war.

1913 geboren, in die Wirrnis der Zeit zweier Kriege, die aufeinander folgten, wuchs sie in einer kleinen Stadt im Ural auf, lernte Buchhaltung, heiratete, blieb mit Kindern allein zurück, als der Krieg ihr den Mann und ihr später das Leben zwei ihrer Kinder genommen hatte. Mehr weiß ich nicht. Sie hat nie etwas von sich erzählt. Sie war einfach immer nur da.

Ich habe lange nach der Erklärung des Begriffs „friedenstiftend", nach einer plausiblen Definition für mich gesucht. Was ist – Frieden stiften? In meiner Suche und meinem Versuchen wandere ich durch die Zeiten.

Ich erinnere mich daran, wie wir Kinder im Grundschulalter unsere Eltern um Geld gebeten hatten, um dieses dann bei der Klassenlehrerin als Spende für den Friedensfond abzugeben, und dafür die Briefmarken mit dem Logo des Friedensfonds bekamen. Ich hatte mehrere davon und meinte, damit friedenstiftend zu sein. Was ist – Frieden stiften?

Heute hat mir meine kleine Nichte die Antwort geschenkt, indem sie mich auf diese Zeitreise schickte, bis ins Jahr 1913, als im selben Jahr wie meine Babuschka Anja auch Albert Camus geboren wurde. Beide sind Friedensstifter geworden und bleiben es heute noch – durch das Wort der eine, und die andere – durch ihre Art, da zu sein.

– Wie ich? … Anja? Wie i-ich? … – wundert sich meine kleine Nichte. Und in ihrer Stimme höre ich Camus′ Worte und Omas Schweigen, die beide friedenstiftend bis hin in die Zukunft für sie da sind.

Yasemin Sevin

Frieden für die ganze Welt

mächtige, dreckige Hände
verstecken sich zwischen vier Wänden
hinter verschlossenen Türen
ohne den Schmerz zu spüren
entscheiden über Kriege
Kriege ... ohne Grenze, ohne Ende
aber auch ohne Sieger
trotz dieser bösen Mächte
müssen wir uns vereinen
mit tapferem, hoffnungsvollem Herzen
sollen wir Kerzen anzünden
und uns Frieden wünschen
Frieden für die ganze Welt
dann wird die Sonne wieder scheinen
wir sollen uns Liebe wünschen
Liebe für die Menschen der Welt
unsere Kinder sollen im Frieden spielen
unterm blauen Himmelszelt

Ewa Ströck Rogala

Mein Frühstück zelebriere ich gern

Eine Tasse Kaffee, ein Stück Brot, eine Scheibe Schinken,

ein weiches Ei.

Im bequemen Fauteuil beim Couch-Tisch.

Mein Dackel Schocko springt auf die Couch und schaut mich an ...,

streng, als warte er auf etwas.

Auf einmal fängt er an, sich mit seiner Hinterpfote auf dem Kopf zu kratzen.

Die kleine Pfote, glaube ich, ist etwas zu kurz. Es geht nicht so gut,

Er probiert es noch einmal ...

„Ach Schocko, wieso machst du das so kompliziert?

Sich mit der Hinterpfote auf dem Kopf zu kratzen ist umständlich,

geht sehr schwer! Probier´ es doch mit der Vorderpfote, es ist einfacher!

Ich mache das auch mit der Hand, nicht mit dem Fuß!"

Er schaut mich an, mit einem Blick mit einem Hauch von Mitleid, einem Hauch von Empörung.

„Du brauchst mir nicht zu sagen, wie ich mich kratzen soll! Ich sage dir auch nicht, wie unnatürlich du ausschaust, wenn du auf deinen zwei Hinterpfoten herum spazierst!

Du wärst viel besser daran, wenn du auf allen Vieren gehen würdest!"

Ein kurzer Blicktausch …

Beharrt jeder auf seinem Standpunkt?

„In Frieden?" …

„In Frieden!"

„Lasst die Sonne nicht über eurem Zorne untergehen....."
(Epheser 4,26)

Verzeihen.

Ein Wort, das jeder kennt. In einer Reihe mit abstrakten Begriffen wie glauben, lieben, hassen.

Wer von uns kann sagen, wie weit „verzeihen" gehen kann?

Wir haben erfahren: Der eine verzeiht auch seinen Feinden, der andere nicht einmal seinen Freunden.

„Lasst die Sonne nicht über eurem Zorne untergehen....."

Wohin mit all dem, was uns belastet, wenn wir des Nachts nicht schlafen können?

Wir wissen, dass auch uns verziehen werden muss, manchmal, wenn unsere Kraft nicht gereicht hat, das Richtige zu erkennen und zu tun.

Anderen zu verzeihen fällt schwer im ersten Zorne, doch auf Dauer sollten wir uns nicht mit der Vergangenheit belasten.

Gibt es Dinge, die man nicht verzeihen kann?

Es gibt sie, doch meist sind es Nebensächlichkeiten, die uns verärgern und unnötig Unfrieden stiften.

Oft geht es nur darum, Recht zu haben, sich selbst über andere zu stellen, keine Kritik zu ertragen.

Glauben.

Was glauben wir?

Was wir sehen, oder auch das, was wir fühlen?

Glauben wir an die Lehren, die uns vorgetragen und auf die wir eingeschworen worden sind?

Oder beginnen wir zu hinterfragen, zu verknüpfen, auf Wahrheitsgehalt und Unwahrheit zu überprüfen?

Glauben wir an einen Gott, der liebt, oder an einen, der straft?

Glauben wir an die Notwendigkeit von blindem Gehorsam?

Glauben wir an uns selber und an andere?

„Der Glaube kann Berge versetzen."

Warum kann er das?
Weil der Mensch mit seiner Hilfe Kräfte mobilisiert, die er sonst nicht haben würde.

Weil Körper und Geist aufeinander reagieren, sich gegenseitig stützen oder schwächen.

„Und wenn ich weissagen könnte
und wüsste alle Geheimnisse und alle Erkenntnis
und hätte allen Glauben, also dass ich Berge versetzte,
und hätte die Liebe nicht, so wäre ich nichts."
(1. Kor. 13, 2)

Lieben.

Ist all das Liebe, was wir als „Liebe" bezeichnen?

Ist Begehren eine Form von Liebe?

Ist es Liebe, wenn ich etwas unbedingt haben möchte, sei es ein Mensch oder ein Tier, Besitz oder Geld?

„Liebe deinen Nächsten wie dich selbst."
(3. Mose 19, 18)

Das ist viel verlangt. Aber geht es ohne dieses Gebot?

Kann einer allein für sich glücklich sein, wenn um ihn herum Armut, Zerstörung und Not herrschen?

Liebe ist eigentlich selbstlos, doch wir verwenden dieses Wort für vieles, das weit davon entfernt ist.

Hassen.

Wer von uns kann sagen:
Ich habe Hass noch nie verspürt, wer kann sagen, dass er jede Kränkung, jede Übervorteilung wegsteckt?

„Wenn dich einer auf die rechte Wange schlägt, dann halte ihm auch die andere hin."

Unmöglich. Das ist zu viel verlangt. Das kann ich nicht. Das Mindeste ist, Gleiches mit Gleichem zu vergelten, sonst wird der, der im Unrecht ist, nicht in die Schranken gewiesen.

Der Staat wehrt sich, sperrt seine Verbrecher ein.

Der Einzelne wehrt sich, er verklagt den anderen. Wo wären wir, wenn das nicht so geschehen würde?

Es geht nicht ohne Regeln, Strafe muss abschrecken.

Oft tut sie das nicht, dennoch, die Gesellschaft muss geschützt werden vor Menschen, die für andere eine Bedrohung sind.

Als bedenklicher Nebeneffekt bleibt, dass jeder Staat für sich entscheidet, wen er warum wegsperrt, wen er als Bedrohung sieht:

Oft sind es die, die eine Bedrohung für die Reichen und Mächtigen bedeuten.

Das nehmen wir in Kauf, man kann nicht alles haben.

Aber: Muss ich hassen?

Nein, ich muss nicht, auch wenn es Überschreitungen gibt, die Hass verständlich machen, wenn es um Mord, um Vergewaltigung, um Folter und dergleichen geht.

Die Welt wird nie frei sein von Hass, meist sind es aber auch da unbedeutende Dinge, die zu Hass verleiten.

Alle unsere Emotionen schlagen Wellen.

Wir achten nicht darauf, es sind immer die anderen, die etwas falsch machen.

Es ist das andere Volk, das zum Feind wird.

Es ist der andere Glaube, der bekämpft werden muss.

Es ist der Nachbar, der die Grenze überschreitet.

„Ihr habt gehört, dass gesagt worden ist: Auge für Auge und Zahn für Zahn. Ich aber sage euch: Leistet dem, der euch etwas Böses antut, keinen Widerstand, sondern wenn dich einer auf die rechte Wange schlägt, dann halt ihm auch die andere hin."
(Matthäus 5, 39)

Frieden.

Die Natur kümmert sich nicht um Frieden, die Götter kennen ihn ebenso wenig.

Die Natur wird Unfrieden überstehen, die Götter werden uns nicht helfen.

In der freien Wildbahn siegt der Stärkere, die Evolution mustert die Schwächeren aus.

Das ist volle Absicht.

Wir Menschen stammen von den Tieren, es steckt in uns drinnen:

Wir haben in Urzeiten um unser Überleben gekämpft, seit langem auch um Wohlstand und Macht.

Und: Welches Volk glaubt an einen friedlichen Gott?

Einen, der seine Gegner verschont?

Welcher Gott hat nicht schon in unserer Vorstellung gegen andere Götter gekämpft?

Des Menschen Götter sind so, wie er selbst ist.

Ein schweres Erbe für ein Wesen, das gelernt hat, mit raffinierten Waffen sich und seinen Getreuen Vorteile zu verschaffen.

Eine schwere Aufgabe für ein hoch entwickeltes Tier wie den Menschen, die Gewalten im Zaum zu halten, um sich nicht zusammen mit den mutmaßlichen Feinden selbst zu vernichten.

Wo ist ein Platz für Frieden?

Dort, wo wir fähig sind, uns in Richtung Frieden zu bewegen, das müssen wir Schritt für Schritt erlernen.

Dort, wo kleine Konflikte nicht zu großen aufgebauscht werden.

Dort, wo kein Hass ist, dort, wo man verzeiht, dort, wo Gott keine Opfer fordert und keinen Heiligen Krieg.

Dort, wo wir begreifen, dass es bei derart ausufernden Auseinandersetzungen wie Kriegen immer mehr Verlierer als Gewinner gibt.

Gibt es dieses Stück Erde, auf dem dauerhaft Frieden herrscht, wo Frieden zu Hause ist?

Von Zeit zu Zeit, oft nach verheerenden Kriegen, da gibt es örtlich und zeitlich begrenzt Frieden. Vielleicht auch in der Abgeschiedenheit, die keinen Feind kennt.

Der Frieden folgt dem Krieg wie der Tag der Nacht.
Menschen würden den Wert des Friedens immer wieder vergessen,
wenn der Krieg sie nicht wieder wachrütteln würde.

Ist es also hoffnungslos?

Das ist es, bis Menschen, die Frieden wollen, zu einer Macht heranwachsen, die stärker ist als die Macht der Habgierigen, der Mörder und Plünderer.

Bis Menschen lieben und verzeihen können, und ihr Hass sich in Mitleid verwandelt:

Denn die, die keinen Frieden halten, haben auch keinen Frieden mit sich selbst.

Bis wir uns so verhalten, dass wir einander nicht allzu viel verzeihen müssen und es leicht wird, dieses Gebot zu beherzigen:

„Lasst die Sonne nicht über eurem Zorne untergehen.....“

Und wenn schon die Nacht mit ihrer Stille die quälenden Gedanken nicht ausblenden kann, sondern sie nur noch lauter und bedrängender werden, die Gedanken an Kränkungen, an Rückschläge, Machtlosigkeit gegenüber den Menschen, die uns nicht verstehen,

dann bleibt dennoch ein winziger Hoffnungsschimmer, denn der neue Tag bricht an und gibt die Möglichkeit zu einem Aufbruch in die Freiheit – denn wieder können wir uns entscheiden. Und vielleicht dann noch etwas retten, das wir in der Nacht verloren geglaubt haben.

Wir können sagen:

„Ich lasse die Sonne nicht aufgehen über meinem Zorne.“

Bis dahin ist es ein weiter Weg. Ihn zu gehen, ist die einzige Chance, ihn aufzugeben, endet in Zerstörung.

Muguraş Maria Vnuck

Frieden und Anti-Frieden
Menschlichkeit wohin?

Woher kommen wir? Was sind wir? Wo wollen wir hin? Wonach streben wir? Dies sind einige Fragen, die den Geist der Menschheit seit der Erschaffung der Welt gequält haben.

Stimmt es, dass die Menschheit in ihrem Wunsch, universelle Harmonie zu erreichen, immer die besten Lösungen gefunden hat, um echten Frieden zu verwirklichen? Oder war die Manipulation in einigen Schlüsselmomenten so schlau und perfide in Freundlichkeit eingehüllt, dass sie Verwirrung, Angst, Unsicherheit und definitiv dunkle Perspektiven gebracht hat, die im Laufe der Geschichte zu Kriegen führten?

*

1. „Am Anfang schuf Gott Himmel und Erde.
2. Und die Erde war wüst und leer, und Finsternis war über der Tiefe; und der Geist Gottes schwebte über dem Wasser.

3. Und Gott sprach: *„Es werde Licht!"*, und es wurde Licht.

4. Und Gott sah, dass *das Licht gut war;* und Gott schied das Licht von der Finsternis.

5. Und Gott nannte das Licht Tag, und die Finsternis nannte er Nacht. Und es ward Abend und es ward Morgen: erster Tag." [1]

149

*

6. Frieden ist, wenn du am Strand des Ozeans oder auf dem Gipfel eines Berges bist und dich der Betrachtung der Unermesslichkeit der Natur hingibst. Frieden ist die Sensibilität, die reine Essenz eines Klangs oder einer Farbe sowie auch die verborgene Bedeutung eines Wortes vermitteln zu können. Erst dann kannst du den Himmel küssen und dem Schöpfer des universellen Friedens, des Himmels und der Erde dankbar sein.

7. Anti-Frieden ist, wenn du inmitten eines Wirbels lebst, überfallen von einer ständig berauschenden, sogenannten „Zivilisation", verkörpert in Robotertechnik, Tausenden von krummen Pfaden, die ums Überleben unter einer perspektivlosen Smog-Sonne kämpft, der es an Helligkeit mangelt. Eine erstickende Geschwindigkeit, die paradoxerweise die Kommunikation erhöht, die aber permanent von den Strapazen des Alltags bedroht ist, der auf bloße, trockene Symbole reduziert wird.

*

8. Frieden wird immer das göttliche Wunder sein, für einen Moment in dieser Welt zum Leben erweckt worden zu sein und sich bewusst zu sein, dass du eines Tages, bei deinem letzten Atemzug, ihn in Ruhe lassen musst, um auf die große Reise zu gehen, die dich zur ewigen Ruhe führen wird.

9. Anti-Frieden wird sein, wenn Bedauern und Reue an deinem Sterbebett ankommen, um deine Seele, im Rückzug für alles, was du falsch gemacht hast, und für all die traurigen und bedauerlichen Dinge, die du in deinem Leben begangen hast, in Besitz zu nehmen. Deine Seele wird von ihnen für die Ewigkeit gequält sein.

*

10. Lass scheinbar zerbrechliche Blumen auf dem Asphalt wachsen, und vergiss nie das liebevolle Flüstern und die leidenschaftlichen Küsse der Liebenden in der Nacht. Vergiss nicht, dass der Regenbogen am Himmel leuchten wird und die Tore des Himmels für all jene Namen öffnet, die auf den Kreuzen aufgelistet werden, oder für alle, die für immer auf den Friedhöfen unbekannter **Helden ruhen werden.**

11. „Wenn die Kanonen brüllen, schweigen die Musen." Vergiss nicht den Moment, in dem es mit kläffenden, entfesselten Kugeln, Bomben und Maschinengewehren in Strömen regnet, während die Hölle auf die Erde hinabsteigt und wenn der Tod seine scharfen Reißzähne zeigt, die unschuldige Leben nehmen. Vergiss nicht, dass ein blasses silbernes Mondlicht rigor mortis[2] zum letzten Mal die Rose der vergänglichen Existenz der Menschen streicheln wird, ausgeblasen lange vor der Kerze ihres Seins. Vergiss nicht den letzten roten Blutstropfen, vermischt mit einem spärlichen Schlamm auf ihren staunenden Augen im Moment ihrer Sühne.

*

12. Wir sind keine Unsterblichen, aber unsere Identität liegt im Licht des Friedens und dafür ist das Leben lebenswert.

13. Andernfalls wird die Menschheit im Nichts untergehen. Sie wird in einem trostlosen Mangel an Unsicherheit, an Nutzlosigkeit ertrinken. Zerstörung, Gewalt, Aggression, Plünderung, Vergewaltigung und Anarchie werden die Schlüsselwörter sein. Ungeheuer werden triumphieren. Es wird keine Hoffnung oder Träume geben. Und wir werden alle isoliert in unserer permanenten, traurigen, geisterhaften Angst leben. Der Fluss Styx, das Wasser des Grauens, wird eine ständige Bedrohung für das friedliche Leben sein.

*

„Lasst die Kinder zu mir zu kommen und hindert sie nicht!"[3] Denn wir sind alle Kinder Gottes, die, wie Kinder ihren Eltern vertrauen, auf Gott vertrauen und zu ihm beten, dass er uns seinen allmächtigen göttlichen Frieden schenkt. Denn es wird nie zu spät sein, alles zu verbessern, was falsch ist, für den einzigen Grund „DIE LIEBE ZUM FRIEDEN!"

Übersetzung: Jana Machačová und Ursula Ulleram

1 King James Bible, Genesis I, 1-5 (https://www.kingjamesbibleonline.org/Genesis-Chapter-1/).

2 *Rigor mortis* (Latin: *rigor* "stiffness", and *mortis* "of death"), or postmortem rigidity (https://en.wikipedia.org/wiki/Rigor_mortis).

3 Matthew 19:14, New International Version https://www.biblegateway.com/passage/?search=Matthew%2019:14&version=NIV.

Peter Völker

Kriegsgefahr, Ohnmacht und Fernsehen

Es steht Krieg ins Haus
Sagten mir Freunde
Ich erschrecke
Schaue aber keine
Nachrichten im Fernsehen
Auf der Couch

Ich könnte ihn
Nicht verhindern
Gewönne nichts
Wenn ich das täte
Nicht einmal mein Leben

Ich muss raus
Wie Stevan Tontic
Mit Handschrift aus Sarajewo
Wie Wolfgang Borchert
„Draußen vor der Tür"
Und mit Worten
Für Frieden kämpfen

Peter Völker

Kunst-Boykott

Die verbindende
Innere und äußere Grenzen
Überwindende Kunst
Durch Boykott
In den Krieg einzubeziehen
Ist Krieg gegen die Kunst
Und die Freiheit der Kunst
Ist unästhetisches Wirken
Gegen die anderen
Künstlerinnen und Künstler
Ist beschämend

Peter Völker & Dieter Brumm

Vom äußeren und inneren Frieden *

Erich Fromm:
„Wahrheit wird niemals
durch Gewalt widerlegt. "

Schriftstellerinnen und Schriftsteller scheinen in ihrem Wirken ohnmächtig zu sein, wenn der äußere Frieden zerbricht, Blut vergossen, Fleisch verbrannt wird auf Geheiß der Kriegstreibenden. Aber wir, die wir mit unseren Werken in den Geist, die Gefühle der Menschen eindringen, haben eine große Verantwortung für den inneren Frieden der Leserinnen und Leser, weil sie sich vielleicht mit uns und unseren Helden identifizieren, uns vertrauen. Wir können, wenn wir den Kriegslehrern die Kriegslesebücher verweigern, auch ganz entscheidend zum äußeren Frieden beitragen, und wir können nicht nur aufklären, sondern auch entscheidend zum Frieden unter Menschen beitragen.

Zwei sehr unterschiedliche deutsche Schriftsteller, die den 2. Weltkrieg erlebten, Wolfang Borchert und Heinrich Böll, haben gezeigt, dass das Engagement gegen Krieg, für Frieden, nicht in gedruckten Worten stecken bleibt. Böll demonstrierte vor den Toren der US-amerikanischen Militäranlage Mutlangen, als in Deutschland Atomwaffen stationiert wurden, und der junge Borchert, vom Krieg gezeichnet, nutzte alle Gelegenheiten in und außerhalb seines literarischen Schaffens, NEIN zu sagen zu jeder Form menschenverachtender Kriegs-Politik.

---

* *Vorgetragen von Peter Völker auf dem Weltpoesiefestival „Zwischen unseren Worten…Poesie überwindet Grenzen" in Rödermark, 2016*

Deutschland hat Kriegsgeschichte in unvorstellbarer Dimension geschrieben, aber immer waren auch mutige Autorinnen und Autoren zur Stelle, die sich nicht einbinden ließen und menschenwürdige Werte anstrebten. Auf die wollen wir uns heute besinnen und sie sprechen lassen, wie den Steinauer Schriftsteller Hans M. Schmidt: Er denkt Borcherts NEIN weiter und schreibt in seiner Aphorismen-Sammlung „Gedanken wider den Zeitgeist":

> „Für mich steht einem klaren NEIN zu einer Sache immer ein ebenso klares JA zu einer anderen Sache gegenüber."

Kriege, das Massentöten, leben oft davon, dass sie von den nicht direkt betroffenen Menschen getragen oder verdrängt werden. In beiden Weltkriegen haben sich Lehrer von den Herrschenden zur Kriegspropaganda missbrauchen lassen und fanden Mitläufer in unseren Reihen, die sich hinreißen ließen, Militärlehrbücher in literarischer Verkleidung zu schreiben. Gegen den Krieg zu sein heißt deshalb auch, den Krieg und seine Folgen, seine Wirkungen im Alltag der Menschen schonungslos aufzudecken, beispielhaft taten dies Brecht, Barlach, Remarque, Tucholsky und Zweig – um nur einige Autoren zu nennen – in der Zeit vor und nach dem 1. Weltkrieg.

Literatur als wesentlicher Beitrag zum Überwinden von Grenzen, zur Verständigung von Kulturen und Völkern war das Thema dieses Weltpoesiefestivals. Dazu hielt Dr. Elke Wehrs von der Universität Frankfurt zur Eröffnung einen wegweisenden

Beitrag. Ihr Fazit: „Literarisch zu lesen oder zu schreiben heißt immer, das eigene Referenzsystem, die eigene Ortsbestimmung zu vergleichen, zu hinterfragen, neu zu ordnen, zu reflektieren, zu deuten und zu verstehen. Literatur als Ethnographie zu lesen bedeutet demnach, sich auf die Suche zu machen und Spuren zu verfolgen, die anzeigen, wie Kultur in alltagsweltlichen und literarischen Texten zu einem Verstehen des Fremden, Anderen beitragen und damit Grenzen überwinden kann. Dass dieses Fremde auch in der eigenen Kultur zu finden ist und sinnlich erfahrbar gemacht werden kann, dazu wollte ich Sie durch meinen Vortrag anregen."

Warum Kunst und Kultur
die Macht des GELDES infrage stellen müssen

Menschen führen auch Krieg gegen die Natur. Wie zu keinem anderen Zeitpunkt in der Menschheitsgeschichte stehen Mensch und Natur am Rande des Abgrunds. Erstmals in der Entwicklungsgeschichte der Natur führt menschliches Handeln dazu, nicht nur Leben, sondern Lebensgrundlagen zu zerstören. Ungezügelter Glaube, dass Fortschritt nur durch technische „Innovation" möglich ist, hat die Welt in diese Lage gebracht. Ein Beispiel sind die den Insekten entliehenen Drohnen, mit denen Menschen am Computer real ermordet werden.

Artensterben bei Pflanzen und Tieren – in diesem Umfang erstmals von Menschen gemacht –, Klimawandel, atomare Bedrohung und Entfremdung des Menschen in der von ihm selbst geschaffenen Technikwelt sind nur einige der Vorboten von Schlimmerem.

Wir glauben an die Möglichkeit eines Wertewandels, welcher

der Natur einen menschenunabhängigen Wert einräumt, der den bewussten Menschen nicht aus der Natur löst, sondern als ihren Teil betrachtet. Wir Schriftstellerinnen und Schriftsteller sind uns unserer Verantwortung bewusst. In dieser negativen wie positiven Sichtweise erfüllt sich die zeitgenössische Kunst. Künstlerinnen wie Künstler können und wollen nicht angesichts der Kriege und der Naturzerstörung wegschauen, wollen Position beziehen als Menschen und in ihren Werken Ursache und Wirkung aufzeigen.

Solche Fragen – das hat nicht zuletzt die jüngste Geschichte gezeigt – sind oft genug lebensgefährlich. Wenn es um den Schutz der Natur vor besitzgieriger Zerstörung durch Geldinteressen geht, werden Fragesteller schnell zur Zielscheibe von Gewalt. Und wenn Korruption und Geldgier ganze Staaten zerfressen, wird nur über Strategien der Besänftigung diskutiert, aber nicht über die Grundfrage nach der Rolle von Geld in der Gesellschaft. Das gilt auch für den Umgang des Menschen mit der Natur, den der visionäre Friedrich Schiller schon vor 200 Jahren in seinen Briefen über die ästhetische Erziehung des Menschen wie folgt beschrieb:

„Die Dichter sind überall…die Bewahrer der Natur. Wo sie
dieses nicht ganz mehr sein können und schon in sich selbst
den zerstörenden Einfluss willkürlicher und künstlicher
Formen erfahren…da werden sie als die Z e u g e n und als
die R Ä C H E R der Natur auftreten. Sie werden entweder
Natur s e i n, oder sie werden die verlorene s u c h e n.
(Über naive und sentimentalische Dichtung)"

Der Moloch GELD, der inzwischen (fast) alle Interessen vereinnahmt, zerstört nicht nur die Natur und die menschliche Gesellschaft, sondern auch das Selbst-Bewusstsein von Menschen, ihre innere Freiheit, ihren inneren Frieden und ihre ökonomische Existenz. Sie haben sich dieser Diktatur unter ihr selbstgeschaffenes Werkzeug gebeugt, und je besser sie das machen, umso `freier´ fühlen sie sich: ein maroder Zauberlehrling, der noch stolz darauf ist, die eigene Natur zu vergessen. Den Grundfehler: Austausch von Produkten der Umwelt-Natur durch die Erfindung von GELD zu `rationalisieren´, hat man längst verdrängt.

Wo GELD naturfeindlich agiert, soll uns unsere Kultur auf dem Wege der Vernunft und der Freiheit zur Natur zurückführen, sagt Schiller.

Wir, die Teilnehmer/innen des Welt-Poesie-Festivals „Zwischen unseren Worten – Poesie überwindet Grenzen", sind uns bewusst: Die alleinige Unterwerfung alles Natürlichen und Humanen unter das Verwertungsprinzip des Marktes zerstört das lebensnotwendige Vielfaltprinzip in der Natur, deren integraler Bestandteil der Mensch ist. Vielfalt durchwebt gleichermaßen die Existenz des Lebens auf der Erde wie das schöpferische Wirken der Menschen. Wer Vielfalt in der Natur und im menschlichen Handeln zerstört, vernichtet Leben und Kreativität und damit seine eigene Existenzgrundlage. Das ist Krieg gegen uns selbst. Eine Erkenntnis steht dabei über allen: Den äußeren Frieden erreichst du nur, wenn du den inneren in dir trägst.

Die 33 Autorinnen und Autoren des Buches „Friedensbrücken"

Gülkibar Alkan-Kirilmaz

Geboren 1978 in Istanbul (Türkei), übersiedelte im Alter von zwei Jahren nach Hainburg an der Donau. Berufstätig in der Versicherungsbranche, danach Studium an der Pädagogischen Hochschule und Lehrerin. Schrieb ihre ersten Kurzromane bereits mit zwölf Jahren, es folgten weitere Gedichte und Prosatexte. 1993 erste Plätze beim 1. Hainburger Jugend-Autorenwettbewerb in den Kategorien Lyrik und Prosa. 1998 dritter Platz beim Lyrikwettbewerb des Vereins Exil (Zentrum für interkulturelle Kunst und Antirassismus) in der Kategorie Prosa. Veröffentlichungen in zahlreichen Anthologien.

Paul Auer

Geboren 1980 in Villach, studierte Kultur- und Sozialanthropologie, ist Mitglied des Kärntner Schriftstellerverbands und der Literaturgruppe „Textmotor". Seine bisherigen Romane erschienen im Septime Verlag: „Kärntner Ecke Ring", 2017; „Fallen", 2020; „Mauern", 2022. Zahlreiche Veröffentlichungen in Anthologien. Lebt als freier Schriftsteller in Wien und Millstatt.

Vladja Bakic-Milic

Geboren 1952 in Jablanica-Zlatibor (ehemals Jugoslawien), Studium an der Medizinischen Fakultät der Universität in Belgrad, Ausbildung zur Allgemeinmedizinerin, bis 1994 in Serbien als Ärztin tätig, danach in Frankfurt am

Main. Schreibt seit ihrer Kindheit Gedichte. Veröffentlichte drei Gedichtbände (Serbische Sprache). Mitglied des Serbischen Schriftstellervereins, erster Preis für Poesie „Mermer i zvuci" in Arandjelovac 1970, sowie mehrere Preise für Poesie und Prosa der literarischen Wettbewerbe der europäischen Diaspora.

Mária Bátorová

Geboren in Trenčín (ehemals Tschechoslowakei), lebt in Bratislava. Schriftstellerin, Publizistin, Germanistin und Slawistin. Leitende wissenschaftliche Mitarbeiterin und Komparatistin (Institut für Weltliteratur der Slowakischen Akademie der Wissenschaften, Bratislava), Professorin (Masaryk Universität Brno), Gastdozentin der Universität zu Köln (1995-1998). Als Literaturwissenschaftlerin reflektiert sie in ihren Monographien und Studien die Frage der Tabuthemen in der slowakischen Literaturgeschichte des 20. Jahrhunderts neu. Sie konnte erst nach 1989 Bücher veröffentlichen, danach auch in mehreren Weltsprachen. Vorsitzende des slowakischen PEN-Zentrums (2004; 2006-2008). Viele in- und ausländische Auszeichnungen, auch für ihr literarisches Schaffen (Prosa und Lyrik), u.a. Schweizer Literaturpreis „Goldene Feder" 2010.

Dieter J. G. Brumm

Geboren 1929 in Wentorf bei Hamburg (Deutschland), verstorben 2020 in Hamburg. Studium der Philosophie bei Martin Heidegger in Freiburg. Als Lehrbeauftragter an der Freien Universität in Berlin lernte er Rudi Dutschke kennen. Medienreferent der IG Medien und Vorsitzender des Fachausschusses Kultur und Medien des Deutschen

162

Kulturrats in Bonn sowie Pressesprecher für amnesty international. Beiträge in zahlreichen Büchern. Mitautor (u.a. mit Peter Völker) und Herausgeber des Romans „Menschenversuch" (2016). Kriminalroman „Rosenfinger" (2011) und umfangreiche Lyrik-Sammlung. Im Schillerverein in Leipzig war er gern gesehener und wertgeschätzter Referent.

Nahid Ensafpour

Geboren 1961 in Teheran (Iran), lebt seit 1985 in Deutschland, seit 2004 beim BfArM im Bereich Medizintechnik tätig, Studium der Neuen Deutschen Literatur und Philosophie. In Deutschland beeindruckte sie die enge Verbindung zwischen Goethe und der persischen Poesie. Mitglied im Weltschriftstellerverband „Licio Poetico de Benidorm", des Schillervereins Leipzig und der Goethe-Gesellschaft in Köln. Einige Gedichtbände („Brennende Sehnsucht", Frankfurter Taschenbuchverlag; „Leise weht das Wort dahin", Engelsdorfer Verlag; …) sowie in deutschsprachigen und internationalen Anthologien.

Christian Faltl

Geboren 1945 in Klosterneuburg, aufgewachsen in Krems an der Donau, Lehrer in NÖ und Wien, freier Journalist für Magazine und Tageszeitungen (u.a. beim „Kurier"), Redakteur und Moderator („Radio Adria"), Redaktions- und Studio-Leiter („Radio Transalpin" in Lana bei Meran); schrieb Texte für Musiksendungen und Live-Kabarett (Josef Hader), Krimi-Hörspiele, musikalische Reiseführer, politische Feuilletons zum Tagesgeschehen und ist Autor mehrerer Bücher und Theaterstücke. Seit 2004 künstlerischer Leiter eines Wiener Privattheaters.

Etela Farkašová

Geboren in Levoča (ehemals Tschechoslowakei), lebt in Bratislava; Schriftstellerin, Philosophin, Dozentin an der Philosophischen Fakultät der Komenski-Universität in Bratislava, 1994 und 1995 als Gastprofessorin am Philosophischen Institut der Universität Wien. Seit den 1990er Jahren ist einer ihrer wissenschaftlichen Schwerpunkte die feministische Philosophie. Zahlreiche Buchveröffentlichungen, Übersetzungen in mehr als zehn Sprachen. Mitherausgeberin der Anthologie »Zblizovanie« (Annäherung), zusammen mit Zdenka Becker. Mehrere Preise (u.a. den in der Slowakei renommierten „Anasoft" 2018). Für den Ausbau kultureller Kontakte mit Österreich erhielt sie 2004 vom österreichischen Bundespräsidenten das Goldene Ehrenzeichen verliehen.

Helmut Forster

Geboren 1954 in Wien. In seiner Jugend durch „Rock and Roll" geprägt („Trucking, Biking and Engineering"), Beruf: Nachrichtentechnik-Ingenieur. Zunächst Erzähler im Freundeskreis, ab 2014 Verfasser von humorvollen Geschichten und Gedichten, die Lebensweisheiten näherbringen wollen. Veröffentlichungen in den Anthologien (Literaricum-Ausgaben) des Pilum Literatur Verlages sowie auch im Eigenverlag. Mitglied der Strasshofer Autorenrunde.

Johanna Friedrich

Geboren 1997 in Hainburg an der Donau, begann schon während der Schulzeit mit dem Schreiben von Kurzgeschichten. Während ihres Latein- und Biologiestudiums an der Universität Wien kam sie durch ein Buchprojekt in Kontakt mit der Hainburg Autorenrunde. Im Pandemie-Lockdown organisatorisch für diverse Online-Lesungen verantwortlich. Ihre literarischen Schwerpunkte sind YA (Young Adult Fiction) und Fantasy, wobei sie auch gerne Gedichte oder Kurzgeschichten schreibt. Veröffentlichungen in verschiedenen Anthologien.

Christian Hans Friedl

Geboren 1960 in Graz, aufgewachsen in Hartberg, studierte in Graz Deutsche Philologie und Geschichte, seit 1993 Gymnasiallehrer in Wien (Deutsch, Geschichte und Darstellendes Spiel). 1991 erschien seine Dokumentation „HARTernst & heiterBERG" (Ausgewählte Dokumente zum Alltag der Stadtverwaltung Hartberg, 1. Republik), 2021 sein Roman „Die Füße der Krähe". Leitete die Lesungen „Literatur hautnah" in der Haydn Bibliothek Hainburg und lebt auch in der Mittelalterstadt.

Margarete Fugger

Geboren in Wien, Berufsausbildung als Damenkleidermacherin, wohnt seit 1978 in Gänserndorf. Sie beschäftigt sich mit Gesundheitsthemen und Pflanzenkunde. Schreibt Kurzgeschichten, Gedichte und Aphorismen. Mitautorin des Buches „Märchen einmal anders" 2004. Veröffentlichungen in verschiedensten in- und ausländischen Anthologien (u.a. in der slowakischen Literaturzeitschrift Slovenske Pohlady, 2015). Mitwirkende beim Theatersommer Marchegg 2013. Mitglied des Literaturzirkels Marchfeld.

Gertrud Hauck

Geboren in Fischamend, wohnhaft in Hainburg, Beruf: strategischer Einkauf und Beschaffungswesen. Die Schauspielerei begleitet sie ihr ganzes Leben lang (Tourneetheater Heinz Haiden, Burgspiele Hainburg, Sommerspiele Wolfsthal und Wiener Theaterkeller). Vorerst nur berufsbedingte Liebe zum Schreiben (für fachliche Kommentare, Vorträge und Berichte), später Verfassen von Kurzgeschichten und Gedichten von ernst bis heiter, sowie Arrangements und Moderationen von Lesungen und literarisch-musikalischen Theater-Abenden. Teilnahme an diversen Literaturtagen. Mitlektorin mehrerer Bücher der Hainburger Autorenrunde. Veröffentlichungen in zahlreichen nationalen und internationalen Anthologien.

Leopold Hnidek

Geboren 1952 in Wien, seit 1989 in Niederösterreich ansässig. Lehre und Ausbildung in kaufmännischen Berufen, später Tätigkeit für internationale Konzerne. Schriftsteller seit mehr als 50 Jahren. Gründung des Pilum Literatur Verlags in Strasshof (Niederösterreich) 2014. Veröffentlichung zahlreicher Kurzgeschichten (Erzählbände u.a. „An der Schwelle" 1994; „Was der Himmel erlaubt" 2011;) Essays und Artikel, Hörspiele, Sachbücher (u,a. „Das Geheimnis von Nan Madol" 2014; „Nichts als die Wahrheit" 2018); Romane (u.a. „Das Alcaveiros-Dokument" 1992, „Die Coenders-Waffe" 1998; „Die Erste Stadt", 2019), Theaterstücke, Mitautor zahlreicher Anthologien. Seine Werke wurden übersetzt ins Niederländische, Englische, Slowakische und Russische. Tourneen im In- und Ausland, Träger mehrerer Literaturpreise des BM für Unterricht und Kunst, 30 Jahre lang Mitglied des Literaturbeirats UNESCO Burgenland, Mitglied mehrerer Literaturzirkel („Kunst- und Kulturzirkel Marchfeld", „Kulturverein

Marchfeld Strasshof", „Textmotor", …). Ein besonderes Anliegen ist ihm die Förderung schriftstellerischen Nachwuchses in Schreibwerkstatt-Kursen.

Gertrude Hubeny-Hermann

Geboren in Wien, lebt heute in Groißenbrunn. Berufstätig im kaufmännischen Bereich und als freiberufliche Journalistin bei den Wochenzeitungen „Samstag", „Bezirksblatt", dem „Grünen Blatt" sowie der Zeitschrift „Der Stern". Schreibt Gedichte, Erzählungen Essays und Romane. Gründung des Vereins „Kunst- und Kulturzirkel Marchfeld" (gemeinsam mit ihrem Gatten Rudolf Hermann). Setzte zahlreiche Initiativen im Kunst- und Kulturleben der Region. Etliche Veröffentlichungen: „Ramenhetep" (eine ägyptische Familiensaga), „Dana von Fruahall" (Fantasie-Thriller im Paralleluniversum), Kriminalromane („Gefährliche Spiele auf Zypern", „Mord in der Schauspielschule"), … und in zahlreichen in- und ausländischen Anthologien.

Silvia Kabus

Studierte in Hamburg Lehramt für Volks- und Realschulen sowie Psychologie. Beschäftigte sich unter anderem mit Philosophie, Soziologie, diversen psychotherapeutischen Richtungen und chinesischer Heilmedizin. Seit dem Studium arbeitet sie hauptsächlich als Diplompsychologin und Psychotherapeutin. Sie schrieb ihr erstes Gedicht mit 11 Jahren, tief beeindruckt von einem Goethegedicht. Suchte in ihrem Leben immer wieder nach künstlerischen Ausdrucksformen in Worten, Bildern, im Tanz, in Musik und im Gestalten mit Ton.

Judita Kaššovicová

Geboren 1959 in Podbrezová (ehemals Tschechoslowakei), bis 2005 Lehrerin an Grund- und Mittelschulen in Bratislava und Šamorin und gleichzeitig im Verlagswesen tätig, danach Herausgabe der „Šamoríner Trilogie" (Judita-Verlag) und Organisation eigener literarischer und musikalischer Veranstaltungen. Mitglied des Independent Writers Club. Ihre Gedichtsammlung „Šamorínske verše" zählte zu den schönsten Büchern des Jahres 2005.

Victor Klykov

Geboren in Moskau, kam 1983 nach Österreich und war viele Jahre lang im diplomatischen Dienst der Vereinten Nationen in Wien beschäftigt (UNIDO). Verfasst Gedichte seit seiner Jugendzeit, ist Mitglied des Österreichischen Zentrums des International PEN-Clubs, der Gesellschaft der Lyrikfreunde Österreichs und des Russischen Schriftstellerverbands. Herausgabe mehrerer poetischer (auch zweisprachiger) Bücher und zahlreicher Anthologien. Seminarvorträge über die Russische Lyrik, u.a. bei den Literaturtagen „Federkiel & Quellengeist" in Bad Tatzmannsdorf 2012. Teilnahme an internationalen Literatur-Festivals (Literaturfestival in Prag „Europa 2008", European Poetry Festival, Österreich 2009, …). A. S. Griboyedov-Preis 2009 für seine kulturellen Verdienste.

Karl Krammer

Geboren 1958, Beruf Landwirtschaftsmeister, wohnhaft in Wolfsthal. Schreibt seit 1985, vorwiegend Kabarettprogramme, Lieder, Sketche, Gedichte und auch Kurzgeschichten. Veröffentlichungen: CDs „Karl Krammer – LIVE and MORE", „woHrte – best of hainburger autorenrunde & friends" (2003) sowie in allen Anthologien der Hainburger Autorenrunde seit 2001. Schauspieler beim „Wolfsthaler Theaterverein TV 2412", Mitwirkung bei den Produktionen der „Sommerspiele Wolfsthal" und bei der „1. Hainburger Faschingsgilde".

Helene Levar

Geboren in Wien, lebt in Wien und Wolfsthal; tätig als Juristin (Studium der Rechtswissenschaften an der Universität Wien), Schauspielerin (Ausbildung an der Schauspielschule Krauss), Sängerin, Regisseurin, Autorin, Seminarleiterin, ... Engagements im Landestheater Vorarlberg in Bregenz und an verschiedensten Wiener Theaterbühnen. Gründerin (1992) und Intendantin der Sommerspiele Wolfsthal, Gründerin des Kulturvereines Ciarivari. 2001 Gründung und Intendanz des Kulturraumes „Wiener Theaterkeller". Schreibt vor allem Gedichte und Erzählungen. Lyrik-Band „Die Fledermaus sieht gar nicht mausig aus" (2017), lyrisches Drama „Angelica" über das Leben der Malerin Angelika Kauffmann (2015). Veröffentlichungen in zahlreichen Anthologien.

Hans Otto Lindenbüchel (Hans Otto Schmidt)

Geboren 1947 in Wien, verstorben 2020 in Wolfsthal, Studium der Rechtswissenschaften an der Universität Wien, 1970 Promotion gemeinsam mit Gattin Helene Levar, Rechtsanwalt (1976 bis 2017). Miliz-Offizier des Österreichischen Bundesheeres, Brigadier. Langjähriger Präsident des Heeressportvereines Wien und des Vereines Eurosolar für erneuerbare Energien. 2012 Verleihung des Großen Goldenen Ehrenzeichens für Verdienste um die Republik Österreich. Als Impresario, Pianist (Ausbildung am Horak-Konservatorium), Sänger (Ausbildung bei Prof. Yuly Khomenko), Rezitator und Schauspieler, viele Jahrzehnte für die Sommerspiele Wolfsthal, den Wiener Theaterkeller und den Kulturverein Ciarivari tätig. War Mitglied mehrerer Chöre, gab literarisch-musikalische Abende gemeinsam mit Gattin Helene.

Erika Lugschitz

Geboren und wohnhaft in Hainburg, pensionierte Flughafenangestellte (Wien-Schwechat). Beschäftigt sich seit 1990 mit dem Schreiben von Prosa und Lyrik sowie von Märchen und sakralen Texten. Veröffentlicht in etlichen in- und ausländischen Anthologien (u.a. in der slowakischen Literaturzeitschrift „Slovenske Pohlady" 2015 sowie im Buch „Die Hainburger Kleindenkmäler" 2001). Teilnahme an unterschiedlichen karitativen Veranstaltungen sowie am Wettbewerb: „Literaturkarussell NÖ". Mitglied im Kirchenchor Hainburg.

Erwin Matl

Geboren 1953 in Wien, wohnhaft in Wien und Hainburg, war Lehrer in Niederösterreich und Wien, dabei Schul-Projekte mit Polen, der Slowakei und der Tschechischen Republik. Viele Jahre bei der Theatergruppe „Burgspiele Hainburg". Gründete 1990 die „Hainburger Autorenrunde" sowie 1993 die „Jugend-Autorenwettbewerbe". Schreibt Kurzprosa, heiter-satirische Lyrik und Meditationstexte. Stark vernetzt mit Kunstschaffenden der Hainburger Partnerstädte Rodgau (D) und Šamorin (SK). Verfasser verschiedenster Chroniken. Herausgeber und Lektor von weit über 20 Veröffentlichungen der Hainburger Autorenrunde und mehrerer geistlicher Bücher. Herausgabe der Lebenserinnerungen des bedeutenden österreichischen Exilautors Boris Brainin „Wridols Erinnerungen. Erinnerungen eines Arbeitspferdes", Pilum Literatur Verlag 2019.

Hanna Oppelmayer

Geboren in Wien, wohnhaft in Hundsheim, Lehramtsstudium für Englisch und Geschichte. Veröffentlichungen: „Die Welt in 50 Jahren" (Roman) sowie 2. Kapitel aus dem Detektivroman „Die Gangsterjägerinnen und das Geheimnis des schwarzen Ritters" (in der Anthologie Novum 9).

Vadim Osipov

Geboren 1954 in Swerdlowsk (heute Jekaterinburg, Russland), Dichter, Schriftsteller, Lokalhistoriker, Fotograf und Übersetzer. Mitglied des Schriftstellerverbandes Russlands. Autor mehrerer Lyrikbände. Veröffentlichungen in nationalen und internationalen Sammelausgaben. Fotoausstellungen in Berlin, Nürnberg, Bremen, Hamburg sowie in Moskau, Jekaterinburg und anderen russischen Städten. Mehrfacher Preisträger, so auch des Uralischen Literaturpreises. Träger der Ekaterina-Dashkova-Ehrenmedaille der Russischen Akademie der Naturwissenschaften (RANS).

Viviane de Santana Paulo

Geboren in São Paulo (Brasilien), kam 1988 nach Deutschland, studierte Vergleichende Literaturwissenschaften (Komparatistik) und Germanistik in Bonn, wo sie die Lehrberechtigung für Deutsch als Fremdsprache erwarb. Sie ist Dichterin, Übersetzerin, Essayistin sowie Autorin mehrerer Bücher (Lyrik und Prosa) in portugiesischer Sprache sowie in internationalen Anthologien. Teilnehmerin 2012 am 8. Internationalen Poesiefestival in Granada, Nicaragua, und 2016 am 20. Internationalen Festival Poetry Nights in Curtea de Arges, Rumänien. Zurzeit lebt die Autorin in Berlin.

Ljubica Perkman

Geboren in Celinac bei Banja Luka (ehemals Jugoslawien), Ausbildung zur pharmazeutischen Technikerin, lebt seit 1969 in Deutschland, dort berufstätig als kaufmännische Angestellte. Veröffentlichung von acht Büchern: u.a. die zweisprachig erschienenen Romane „Eine Kindheit am Fluss" („Rijeka djetinjstva"), 2008; „Duft von Wald-Erdbeeren" („Miris šumskih jagoda"), 2014; sowie das Kinderbuch „Wir reichen den Kindern die Hände", 2020. Anthologien in mehreren Ländern. Sie ist auch als Schauspielerin und Malerin tätig. Wohnhaft in Rodgau, ist sie seit 2007 maßgeblich an der Entwicklung der Städtepartnerschaft mit Hainburg an der Donau beteiligt. Mitglied im „Verband deutscher Schriftsteller" VS Hessen, im „Schriftstellerverein SIEBEN e.V." Frankfurt. 2014 „Kulturpreis für Literatur und Kunst" in ihrer Heimatstadt Celinac.

Marina Schabajewa

Geboren in Tadschikistan, als Kind mit ihrer Familie in den Ural gekommen. Studium und Promotion an der pädagogischen Universität Jekaterinburg, über mehrere Jahre Dozentin am Lehrstuhl für Deutsch und Sprachdidaktik. Herausgeberin etlicher Sammelbände mit wissenschaftlichen Aufsätzen zur Textinterpretation, 2017-19 Deutsch-Lehrerin am Gymnasium. Danach Bibliothekarin an der Belinski-Bibliothek Jekaterinburg, wo dank Zusammenarbeit mit deutschsprachigen Autoren seit 2019 zahlreiche literarische Projekte realisiert werden. Seit dieser Zeit auch literarische Übersetzungen und Veröffentlichung eigener Kurzgeschichten.

Yasemin Sevin

Geboren 1977 in Edirne (Türkei), wohnhaft in Rodgau seit 2009. Ausbildung an der İstanbul Universität: Lehramt für Englisch, Beruf: Englisch-Lehrerin und Übersetzerin. Schriftstellerische Arbeiten: Gedichte in Türkisch, Englisch und Deutsch und Übersetzungen von Shakespeare & Edgar Allan Poe ins Türkische. Gründungsmitglied der IG Kunst und Kultur Rodgau.

Ewa Ströck Rogala

Geboren in Polen, lebt seit 1981 in Österreich und seit 1990 in Hainburg, dem Ort, an dem sie bereits länger als in jedem anderen davor wohnt (fühlt sich als „echte Hainburgerin"). Ihr Interesse zur Spiritualität und Astrologie zeigt sich in ihren literarischen Texten, in denen sie ihr Wissen vermitteln möchte. Zunächst Mitglied des „Literaturzirkels Marchfeld" und seit 2019 bei der „Hainburger Autorenrunde". Veröffentlichung in Anthologien.

Leara Thalen

Mitglied der Strasshofer Autorenrunde, Veröffentlichungen in den Anthologien (Literaricum-Ausgaben) des Pilum Literatur Verlages.

Maria Vnuck

Geboren in Rumänien, studierte an der Alexandru Ioan Cuza Universität in Iași (Rumänien). Sie ist BA (Bachelor) für Fremdsprachen (Englisch und Französisch) und spricht fließend Italienisch. Derzeit lebt sie in Ohio (USA). Sie übersetzte mehr als 30 Bücher (Romane, Gedichte und Kinderbücher) ins Englische, Französische und Rumänische. Sie war Teilnehmerin und auch Organisatorin vieler internationaler literarischer und kultureller Veranstaltungen in New York, Cleveland, Paris, Istanbul, Bratislava, Kanada und Rumänien. Von 2020-2022 gab sie vierteljährig die internationale Buch-Anthologie „Writers' Journal" heraus. Sie ist Mitarbeiterin vieler internationaler Zeitschriften und unterstützt Schreibende bei der Veröffentlichung ihrer Bücher in den USA.

Peter Völker

Geboren 1949 in Gründau-Rothenbergen, Deutschland. Speditionskaufmann, Reedereikaufmann in Hamburg, Redakteur im Deutschen Verkehrsverlag, verantwortlich für Außenwirtschaft und Verkehr. Ende der 80er Jahre Mitherausgeber des Magazins „Neue Hanauer Zeitung" (nhz). Deutscher Botschafter des Weltlyrikverbandes Liceo Poetico de Benidorm. Er veröffentlichte Gedichtbände, Lyrikzyklen zur griechischen Mythologie, Kinderbücher, Romane sowie eine Novelle und ein Buch über die Geschichte seines Heimatdorfes. Viele seiner Werke wurden in mehrere Sprachen übersetzt. Sein Gedichtband „Agamemnon und Kassandra in Lakonien" wurde in deutscher, rumänischer, griechischer und serbischer Sprache herausgegeben. Dafür gab es 2013 den Preis „Prix d'Excellence" für Poesie von der Internationalen Kulturakademie Orient-Occident mit Sitz in Rumänien.

Cover-Bild des Friedensbuches

Christian Einfalt

Geboren in Zwettl, freischaffender Künstler. 1988-1993 Studium an der Akademie der bildenden Künste Wien. 1994-2014 mit dem Bildhauer J. Ramacher als Künstlerduo Ramacher & Einfalt erfolgreich in der internationalen Kunstszene aktiv. 2008 Vertreter Österreichs auf der Biennale Beijing/China. Ausstellungen in nationalen und internationalen Museen und Galerien. Publikationen in diversen Kunstbüchern und Katalogen. Lebt und arbeitet in Wien und Millstatt. Ehrenkreuz der Republik Österreich für Verdienste in Wissenschaft und Kunst.